平和の尊さ

　1945 年（昭和 20 年）8 月 6 日午前 8 日 15 分、一
発の原子爆弾が広島の上空で炸裂しました。その閃光の中
で、広島のまちにおいて 350 年にわたって営々と築かれてきた人間の営みは一瞬に
して壊滅しました。

　沸き立ちながら厚みを増してゆく原子雲の下で、言語に絶する惨状が繰り広げら
れました。広島では、約 35 万人が被爆し、即死者を含めて被爆後 4 ヶ月以内に
約 14 万人以上が死亡したと推定されております。

　人類史上最初の核兵器により悲惨な体験をした広島市民は、この悲劇が二度
と繰り返されないことを願い、広島を平和の象徴として再建□□ことに決めました。
1949 年には、「恒久の平和を誠実に実現□□□□□□□□□徴として、広島市
を平和記念都市として再建□□□□□□□□□□□□念都市建設法が
公布され、ここに、広島は□□□□□□□□□□□その使命とするに
至ったのです。

　「安らかに眠って下さい　過□□□□□□□□□、平和記念公園にある
広島平和都市記念碑（原爆□□□□□□□に刻まれている言葉です。これは、こ
の碑の前に立つすべての人が、原爆犠牲者の冥福を祈り、戦争という過ちを再び
繰り返さないことを誓い合う言葉であり、過去の悲しみに耐え、憎しみを乗り越えて、
全人類の共存と恒久の平和を願う「ヒロシマの心」そのものです。

　今日、地球上には広島型原爆の約 100 万発分以上にあたる核兵器が貯蔵、配
備されています。核軍拡競争は宇宙空間にまで広がる気配を見せ、人類の生存そ
のものが脅かされています。いったん核戦争が勃発すれば、そこに勝者も敗者もあ
りません。

　人類の偉大な文明を後世に継承し、明るい未来社会を創造するためには、平和
が何よりも大切です。次代を担う青少年の方々が、世界最初の被爆地広島を訪れ、
核兵器の無い平和な世界を築く決意を新たにしていただくことこそ、平和への最も近
道であると確信します。

　この意味からも、修学旅行で広島を訪問される学生、生徒の諸君には、平和記
念資料館の見学、記録映画の観賞、被爆者の方々による体験講和等を通じ、原爆
被爆の実相に触れ、平和を愛する心を育んでいただきますことを心から希望します。

※ 1990 年（平成 2 年）刊『山陽・瀬戸内散策案内』に寄稿いただいた、被爆経験者、
　第 27 ～ 30 代広島市市長荒木武（1975 ～ 1991）氏のメッセージ

目次

広島の風土

1 地形

　広島県は中国地方の中央部に位置している。東は岡山、北と西は鳥取・島根・山口三県に接し、南は瀬戸内海を挟んで香川・愛媛両県に相対し、所々で平野を作っている。

　北部県境にあたる中国山地は標高1,000 m以上の山々が連なり、比婆道後帝釈国定公園・西中国山地国定公園に指定されている。東部は芦田川が福山平野を形成し、西部は太田川が広島湾に流入して広島平野を作っている。瀬戸内海では芸予諸島の島々が内海特有の多島美を見せている。また広島湾から安芸灘・備後灘に面する沿岸は湾入が多く、尾道や呉など良港に恵まれている。

　なお、広島平和記念公園のある広島市は、県の西部に位置し、南は広島湾に面している。

2 広島市の気候

　広島市は中国山地と四国山地に挟まれ、雨や雪の影響が少なく、また瀬戸内海の温かい海水温のおかげで、年間を通じて比較的穏やかな気候が保たれる。

　広島市に来るおすすめの時期は、桜の開花する4月から5月及び紅葉が色づく10月から11月である。7月から8月の期間は大変蒸し暑く、地球温暖化やヒートアイランド現象などにより、35℃を超えるような厳しい暑さに見舞われることもある。また、近年は集中豪雨がたびたび発生しており、注意が必要である。

広島の路面電車(写真提供：広島県)

3 広島市中心部の交通

　広島市の公共交通機関としては、JR、アストラムライン、路面電車、市内循環バスなどがあるが、中でも認知度の高いのが路面電車である。1912年（大正元年）より運行が開始され、原爆による被害や、戦後の路面電車排斥の流れを乗り越え、現在は日本最大の路線網を有している。車両はライトレール車両（LRV）から全国各地の中古車まで揃い、まさに路面電車の博物館のようで、今日では広島市の「シンボル」的存在である。

　広島駅を起点に市内中心部全域のほか、広島港や宮島口へ細かくアクセス出来るので市街地の移動に大変便利である。中学生以上の料金は市内線190円一律で、電車一日乗車券（700円）も各営業所やホテルで購入可能である。（精算は現金又は全国版の交通系ICカード対応可）。始発は6時台、最終は路線により異なり22～23時台である。

4 歴史

　4世紀から5世紀にかけて、出雲や吉備地方には大きな豪族の集団が存在したと思われる。豪族達は勢力の象徴として大きな墳墓を築いた。とくに三次地方には

約 3,000 基が集中している。その勢力もやがては大和朝廷によって吸収され、律令国家の成立過程で安芸と備後の二国に分かれた。

　中世に入り、天慶 2 年（939 年）に起きた藤原純友の乱は、ほとんど瀬戸内海全域に及んだ。天慶 4 年、純友は朝廷の追討使に討たれるが、瀬戸内海での海賊の横行は一層激しいものとなる。

　やがて海賊衆を治めた平氏の勢力が次第に増大し、平清盛の代には中央の実権を握る。しかしそれも束の間、平氏は源氏の前に滅び去る。

　戦国時代に入ると安芸の武田氏、備後の山名氏、周防の大内氏、山陰の尼子氏の勢力が複雑に絡み合う。ここに現れたのが毛利氏の第 12 代当主・毛利元就であった。元就は大内氏と組んで武田氏を滅ぼし、大内氏の滅亡後は、陶晴賢を、さらに尼子氏を滅して中国十ヶ国を治めた。

　その孫・毛利輝元の代、天正 17 年（1589）に広島城築城が開始され、最も広い島地という意味である「広島」の地名もこの時付けられた。しかし、毛利氏は慶長 5 年（1600）の関ヶ原の戦いに敗れ、代わって福島正則が広島城に入る。元和 5 年（1619）、正則の改易後に浅野長晟が藩主となり、浅野氏が明治維新まで広島藩を治めた。

広島通信病院　復興第一号建築全景
（撮影／岸本吉太、提供者／岸本坦）

　第二次世界大戦中の 1945 年（昭和 20 年）8 月、米軍による原子爆弾の投下により、広島は壊滅状態となった。しかし、戦後は各方面からの援助と住人の努力で目覚しい復興を遂げ、現在では中国地方の政治経済の中心となっている。

5 産業

　広島県の産業は、「ものづくり」を軸として、造船・鉄鋼・自動車などの重工業から電気機械・電子部品まで幅広く発達し、製造品出荷額等は中国・四国・九州地方の中でトップとなっている。また、広島県は関西経済圏と九州経済圏の中間にあって、高速道路網も整備されており、人やモノの流れが活発だ。

　しかし、産業として忘れてならないのは広島湾における牡蠣の生産である。昔は牡蠣船で大坂に運び、元禄年間（1688〜1703）には市場を独占した。以後も「広島牡蠣」の名で全国に知られている。

広島城（被爆前）(提供者／広島平和記念資料館)

山陽本線神田川鉄橋での復旧作業
（撮影／中田左都男（同盟通信社）、提供者／広島平和記念資料館）

5

広島中心部地図

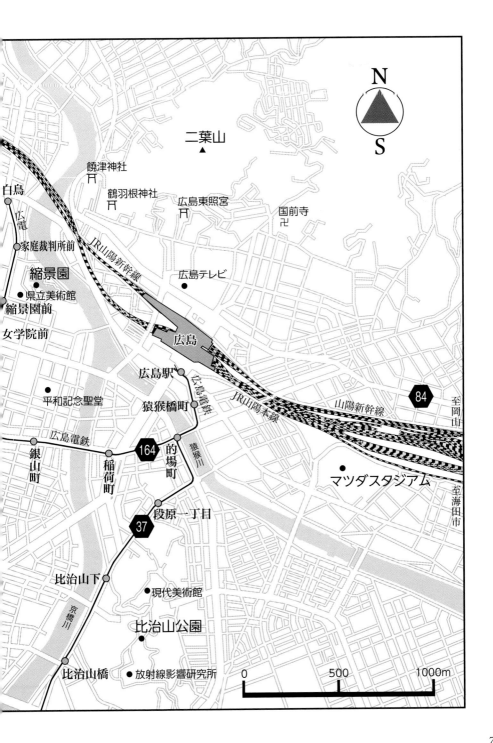

N

S

二葉山
▲

饒津神社 ⛩

鶴羽根神社 ⛩

広島東照宮 ⛩

国前寺 卍

白鳥

広電

家庭裁判所前

縮景園

県立美術館

縮景園前

女学院前

JR山陽新幹線

広島テレビ

広島

平和記念聖堂

広島駅

広島電鉄

猿猴橋町

JR山陽本線

山陽新幹線

84

至岡山

広島電鉄

銀山町

稲荷町

164

的場町

猿猴川

段原一丁目

マツダスタジアム

至海田市

37

比治山下

京橋川

現代美術館

比治山公園

比治山橋

放射線影響研究所

0   500   1000m

広島平和記念公園地図

世界の子どもの平和像

0　100　200m

相生橋　広電　原爆ドーム前

本川町

鈴木三重吉文学碑
旧相生橋碑
中国・四国土木
出張所職員殉職碑

広島県地方木材統制(株)慰霊碑

おりづるタワー

原爆ドーム

本川小学校平和資料館

原民喜詩碑
(佐藤春夫の詩碑の記)

元安川

平和の時計塔

爆心地

遭難横死者慰霊供養塔

動員学徒慰霊塔

広島郵便局
職員殉職の碑

原爆供養塔

平和の鐘

平和の石塚

花時計

平和祈念碑

平和の石燈

原爆犠牲建設
労働者・職人之碑

韓国人原爆犠牲者
慰霊碑

原爆の子の像

元安橋

「平和の祈り」句碑

被爆した墓石
(慈仙寺跡の墓石)

平和の泉

レスト
ハウス
(観光案内所・
売店)

原爆犠牲ヒロシマの碑

WC

平和乃観音像

平和
祈念
像

平和の灯

平和の
池

祈りの像

広島瓦斯株式会社
原爆犠牲者追憶之碑

石炭関係原爆
殉難者慰霊碑

菩提樹の碑

本川橋

本
川

WC

広島平和都市記念碑
(原爆死没者慰霊碑)

国立広島原爆死没者
追悼平和祈念館

旧天神町北組慰霊碑

材木町跡碑

常夜燈

義勇隊の碑

広島県立第二中学校
慰霊碑

WC

峠三吉詩碑

被爆した
ハマユウ

全損保の碑

広島県農業会
原爆物故者慰霊碑

被爆したアオギリ

広島国際会議場

広島平和記念資料館

東館

広島市商・造船
工業学校慰霊碑

●本館

ローマ法王平和アピール碑
地球平和監視時計

毛髪碑

朝鮮民主主義人民共和国
帰国記念時計

原爆犠牲国民学校
教師と子どもの碑

平和の像「若葉」
(湯川秀樹歌碑)

祈りの泉

平
和
記
念
ポ
ス
ト

平
和
の
塔

バーバラ・レイノルズ氏記念碑
ノーマン・カズンズ氏記念碑
マルセル・ジュノー博士記念碑

嵐の中の母子像

平和大橋

広島市立高等女学校
原爆慰霊碑

慈母の像

西平和大橋

友愛碑

平和の門

旧天神町南組
慰霊碑

被爆動員学徒慰霊
慈母観音像

広島平和記念公園周辺ガイド

平和記念公園（写真提供：広島県）

原爆死没者慰霊碑（写真提供：広島県）

■広島平和記念公園 （広島市中区中島町）

爆心地に近い中島町内にあった「中島公園（10.72ha）」を前身とし、平和への祈りをこめた平和記念施設として、1954年（昭和29年）4月1日に完成した。

平和大通りに面し、元安川と本川に挟まれた三角地で面積は約12万2,000㎡。公園内には、広島平和記念資料館や世界遺産に登録されている原爆ドーム、原爆死没者慰霊碑、国立広島原爆死没者追悼平和祈念館、広島国際会議場、原爆慰霊碑、原爆の子の像など多くの施設やモニュメントがある。

建物の配置は、南北の中心線に沿って平和記念資料館と原爆慰霊碑を置き、その延長線上に原爆ドームがくるように設計された。

二つの川に架かる平和大橋と西平和大橋は、それぞれ広島の日の出（未来）と日の入り（過去）をあらわしている。

□原爆死没者慰霊碑
（広島平和都市記念碑）

世界最初の原子爆弾によって壊滅した広島市を、平和都市として再建することを念願して1952年（昭和27年）年8月6日に設立された。中央の石棺には、国籍を問わず、原子爆弾に被爆し、亡くなられた人の名前を記帳した原爆死没者名簿が納められている。

名簿は関係者の申し出により書き加えられ、2015年（平成27年）8月6日現在で、109冊（297,684人の名前が記帳された108冊と「氏名不詳者 多数」と記された1冊）になっている。その石棺を、埴輪をかたどった屋根が覆っており、石棺には「安らかに眠って下さい 過ちは 繰り返しませぬから」という碑文が刻み込まれている。説明板には「碑文はすべての人びとが、原爆犠牲者の冥福を祈り、戦争という過ちを再び繰り返さないことを誓う言葉である」とある。

正面に立つと、屋根の内側から原爆ドームが見える。

□原爆の子の像

三脚のドーム型の台座の頂上に金色の折鶴を捧げ持つ少女のブロンズ像（平和な未来への夢を託している）が立ち、左右に少年少女の像（明るい未来と希望を

9

象徴）がある（高さ9m）。1958年（昭和33年）5月5日に完成した。

鶴を千羽折りあげたら病気が治ると信じて薬の包み紙や包装紙などで1,300羽以上の鶴を折り続けたが、原爆が原因の白血病で亡くなった少女・佐々木禎子ら、原爆で亡くなった多くの子どもたちの霊を慰め、世界に平和を呼びかける。全国の小・中・高校生から贈られた千羽鶴が飾られている。

□平和の鐘

ドーム型の鐘楼は宇宙を表現している。鐘の表面には「世界は一つ」を象徴する国境のない世界地図が浮き彫りにされている。平和への願いを込めて鳴らされる平和の鐘の音は、環境省が選んだ、残したい日本の音風景100選にも選ばれている。

誰でも自由に鐘をつくことができるので、平和の祈りを込めて鳴らしてみよう。

■広島平和記念資料館 （広島市中区中島町1-2）

平和記念公園内にある鉄筋コンクリート造 地上2階一部中3階（ピロティ型）建のモダンな建物。2階床が高く、建物が柱や壁だけで支えられ、地上を自由に通り抜けられるピロティ式の建築である。原子爆弾による被害の惨状と20数万人の人々が死亡した事実を後世に伝えるため、1955年（昭和30年）8月に開館した。原爆関係の資料の収集・保存・展示を行っているが、現在でも被爆者からの寄贈が毎年あるという。

館を訪れる人は昭和40年代頃から増え、現在（2019年）では、年間約175万8千人余を数える。そのうち、外国人利用者は52万2千余、日本の修学旅行団体は4,597団体、32万4千人余である。

東館は2017年（平成29年）4月に、本館は2019年（平成31年／令和元年）4月にリニューアルオープンした。

常設展示は、東館3階「導入展示」（被爆前の広島、失われた人々の暮らし、広島平和記念資料館からのメッセージ）、本館3階「8月6日のヒロシマ」（8月6

平和の鐘（写真提供：広島県）

広島平和記念資料館（写真提供：広島県）

日の惨状、放射線による被害）、「被爆
者」（魂の叫び、生きる）、「ギャラリー」
（平和記念公園の建設）、東館3階「核
兵器の危険性」（原子爆弾の開発と投下、
原子爆弾の脅威、核の時代から核兵器
廃絶へ向けて、メディアテーブル（大型
情報検索装置））、東館2階「広島の歩
み」（戦時下の広島と戦争、広島の復興
さまざまな支援、平和な世界をつくる）と
いう順路となっている。

　本館では、被爆者の遺品や被爆の惨
状を示す写真や絵などの資料を展示し、
1945年（昭和20年）8月6日に広島
で何が起こったのかを伝える。被爆した
人々が身に付けていた衣服は熱線で焼け
焦げてボロボロになり、瓦や石、ガラス類
は溶けてぐにゃりとなったまま固まっている。
被災直後の写真や、被爆者の体に残るケ
ロイドの写真も生々しい。こうした、一瞬
のうちに地獄と化した広島の惨状を伝える
遺品・写真資料が多数、展示・陳列され
ている。
　東館には、核兵器の危険性や被爆前
後の広島の歴史について展示しているほ
か、被爆者証言ビデオを自由に視聴でき
るコーナーもある。
　常設展以外に、東館の1階の企画展
示室と地下1階の特別展示室では、期
間限定の企画展示を行っている。
　またロビーには、石段に人の影がそのま
ま焼きついて残った「人影の石」が展示
されている。この石段は、住友銀行広島
支店の入口階段を切り出して移設したもの
である。

女学生の夏服
（寄贈者／大下 定雄、所蔵者／広島平和記念資料館）

黒い雨に汚染されたズボン
（撮影／林 重男、提供者／広島平和記念資料館）

縫い針の溶融塊（所蔵者／広島平和記念資料館）

弁当箱（寄贈者／加納 恒治、所蔵者／広島平和記念資料館）

■原爆ドーム（広島市中区大手町 1-10）

□被爆前のすがた

　明治後期の広島では、伝統工業のほか軍需（ぐんじゅ）に結びついた近代工業が発達し、特に 1904 年（明治 37 年）勃発（ぼっぱつ）の日露（にちろ）戦争を契機として、大量の軍需品の地元調達が行われたことなどによって、経済は活況を呈した。このような経済的発展に伴い、国内での激しい市場競争に耐える製品の開発、品質向上、販路拡大等を図るための拠点づくりが求められていた。

　そこで作られたのが、**原爆ドームのもとの建物、広島県物産陳列館**だった。チェコ人のヤン・レツルの設計により、1915 年（大正 4 年）4 月に竣工したこの建物は、一部鉄骨を使用した煉瓦造（れんがづくり）で、石材とモルタルで外装が施されていた。全体は窓の多い 3 階建てで、正面中央部分は 5 階建ての階段室、その上に銅板の楕円形ドーム（長軸約 11 m、短軸約 8 m、高さ 4 m）が載（の）せられていた。1 階は主に事務用、2 階及び 3 階が陳列用に当てられた。建坪（たてつぼ）面積は 310 坪、陳列場は 620 坪であった。また、500 ～ 600 坪の庭園があり、樹木が植えられ、洋式庭園には八方から水を吐く噴水を備えた池、和風庭園には四阿（あずまや）も作られていた。

　そのころの広島は、都心部のほとんどは木造 2 階建ての建築であり、大胆なヨーロッパ風のデザインによる物産陳列館のような建物は非常に珍しく、その出現は市民にとって大変な驚きであり、川面（かわも）に映える姿の美しさとあいまって、広島名所の一つに数えられた。

　館の業務は県内の物産、他府県からの参考品の収集・陳列、商工業に関する調査及び相談、取引の紹介に関する図書・新聞・雑誌の閲覧、図案調製等だった。同館は、産業奨励だけでなく、会場を提供することで博物館・美術館の役割も果たし、広島の文化振興の場としても大きな役割を担っていた。

　館の名称は、1921 年（大正 10 年）に広島県立商品陳列所、さらに 1933 年（昭和 8 年）からは広島県産業奨励館と改称された。

□被爆の状況

　1945 年（昭和 20 年）8 月 6 日、一発の原子爆弾により広島市街の建物は一瞬にして倒壊し、灰燼に帰した。産業奨励館は爆心から北西約 160 m、落差 580 mの至近距離で被爆し、爆風と熱線を浴びて大破し、天井から火を吹いて全焼したが、爆風が上方からほとんど垂直に働いたため、本屋（ほんおく）の中心部は奇跡的に倒壊を免（まぬが）れた。この時の爆風は 1 ㎡あたり 35 トンの圧力を持ち、風速は秒速 440 mという凄まじいものだった。

　当時この建物の中にいた内務省中国四国土木出張所や広島県地方木材株式会社、

日本木材株式会社広島支社、広島船舶木材株式会社等の職員は全員即死した。

□原爆ドームの保存へ

　戦後、旧産業奨励館の残骸は、頂上の円蓋鉄骨の形から、いつしか市民から「原爆ドーム」と呼ばれるようになった。

　当時、原爆ドームについては、記念物として残すという考え方と、危険建造物であり被爆の悲惨な思い出につながるということで取り壊すという二つの考え方があった。散発的に起こっていたこの存廃論議は、市街地が復興し、被爆建物が次第に姿を消していく中で、次第に本格化し、原爆投下をどう考えるか、被爆体験や肉親などの惨事をどう伝えるか、核兵器をめぐる世界の情勢をどう考えるか等の議論と重なっていった。

　原爆ドームは1953年（昭和28年）、広島県から広島市に譲与され、ほぼ被爆後の原形のまま保存されていたが、年月とともに、周辺には雑草が生い茂り、建物も壁には亀裂が走るなどの傷みが進行し、部材の小規模な崩壊・落下が続いて危険な状態となった。そのため、1962年（昭和37年）以降は周囲に金網がはられて内側への立ち入りが禁止された。

　保存を求める声が高まる中で、広島市は1965年（昭和40年）7月から広島大学工学部建築学教室に依頼して原爆ドームの強度調査を行った。翌年7月、広島市議会が原爆ドームの保存を要望する決議を行い、これを踏まえ、広島市は保存工事のための募金運動を開始、国の内外から6,619万7,816円の寄附金等の浄財が寄せられた。そして、1967年（昭和42年）、第1回保存工事が行われた。

□原爆ドーム保存を要望する決議

　1966年（昭和41年）7月11日、広島市議会は次のような決議を行った。

　広島市は昨年、100万円の調査費をかけ、原爆ドームの保存方法について調査を完了した。

　その結果、補強によって保存に耐えるとの報告をうけている。

　核戦争阻止、原水爆の完全禁止の要求とともに、ドームを保存することは被爆者、全市民、全国の平和を願う人々が切望しているところである。

　ドームを完全に保存し、後世に残すことは、原爆で亡くなられた20数万の霊に対しても、また世界の平和を願う人々に対しても、われわれが果たさねばならぬ義務の一つである。

　よって、このドームの保存について万全の措置をとるよう決議する。

　これにより都合3回の大規模な保存工事が行われた。また、世界遺産リストへの登録を求める、市や市議会、市民らによる広範な運動の結果、**1995年（平成7年）6月に国の史跡に指定され、文化庁からユネスコに世界文化遺産への登録申請が行われ、1996年（平成8年）12月、登録された。**

13

第一章 太平洋戦争―真珠湾攻撃から敗戦まで

近衛文麿（1891～1945）
（第34・38・39代内閣総理大臣）

東条英機（1884～1948）
（第40代内閣総理大臣）

1 開戦前の情勢

1937 年（昭和 12 年）7 月 7 日の盧溝橋事件を発端として始まった**日中戦争**により、1931 年（昭和 6 年）9 月の満州事変以来、日本の中国進出を警戒していた英米仏と日本の関係は急速に悪化し、アメリカ合衆国が航空機用燃料・鉄鋼資源の対日輸出を制限するなど、日本の締めつけが図られた。いわゆる **ABCD 包囲網**である。「ABCD」とは、日本への貿易制限を行っていたアメリカ合衆国（America）、イギリス（Britain）、中華民国（China）、オランダ（Dutch）の頭文字を並べたものである。

またヨーロッパでは、1939 年（昭和 14 年）ドイツがポーランドに侵攻し、英仏両国が対独宣戦を布告、第二次世界大戦が勃発していた。

それでも中国から撤退しない日本は、ヨーロッパにおいて第二次世界大戦を繰り広げるドイツ・イタリアと 1940 年（昭和 15 年）9 月 27 日に**日独伊三国軍事同盟**を締結し、ヴィシー・フランス（ヴィシー政権）

との合意のもと仏領インドシナへ進駐し、事態を打開しようとするが、アメリカは日本への石油輸出全面禁止などの経済封鎖をもって、これに対抗した。列強が互いに国益をぶつけあう帝国主義の世界情勢から戦火の拡大は不可避の状況であった。

当時の首相近衛文麿（1891～1945）は、アメリカ合衆国との関係をよくするための日米交渉を継続しようとした。しかし、陸軍大臣東条英機（1884～1948）は日米交渉を打ち切って、開戦を主張した。両者は対立し、結局、第三次近衛内閣は総辞職した。1941 年（昭和 16 年）10 月 18 日、**東条英機内閣が成立**する。

8 ヶ月もの日米交渉の末、1941 年 11 月 26 日に出されたアメリカ側の提案「**合衆国及び日本国間の基礎概略**」（ハル・ノート）は、「中国・仏印からの日本軍の全面撤退、満州国の否認」など満州事変以前の状態への復帰を要求するものだったので、交渉成立は絶望的となった。

これを最後通牒と受け止めた日本は、同年 12 月 1 日の第 8 回御前会議で日米交渉の打ち切りと対米英開戦が決定する。

2 真珠湾攻撃

1941 年（昭和 16 年）12 月 3 日、大本営は日本海軍機動部隊へ「ニイタカヤマノボレ 1208」（真珠湾攻撃命令）を発信。**12 月 8 日、日本海軍の空中攻撃隊はハワイ真珠湾の米軍基地を奇襲攻撃**

炎上する真珠湾上空を飛行する九七式艦上攻撃機

する。奇襲は成功し、「トラ・トラ・トラ」（ワレ奇襲ニ成功セリ）という暗号略号電波が攻撃隊隊長・淵田美津雄（1902〜1976）から発信された。

同日、野村吉三郎（1877〜1964）駐米大使は、コーデル・ハル（Cordell Hull、1871〜1955）米国務長官に「対米覚書（外交打ち切り通告文）」を手交し、日米交渉は決裂する。「米国及英国ニ対スル宣戦ノ詔書」が発せられ、**日本はアメリカとイギリスに宣戦布告を行い、太平洋戦争が始まった。**

それは、枢軸国と呼ばれるファシズム（軍国主義的独裁主義）の日本・ドイツ・イタリアと、連合国のアメリカ・ソビエト連邦（ソ連）・中国・イギリス・フランス・オランダなどとの対立構造となった。

米国大統領フランクリン・デラノ・ルーズベルト
(Franklin Delano Roosevelt、1882〜1945)

アメリカへの事実上の宣戦布告である日米交渉打ち切り通告は、日本政府・在米日本大使館の不手際で、真珠湾奇襲攻撃開始後になってしまった。「日本の不意打ち」はアメリカに衝撃を与え、「アメリカ合衆国にとって恥辱の日」と米国大統領フランクリン・デラノ・ルーズベルト（Franklin Delano Roosevelt、1882〜1945）は演説し、以後、戦争中「リメンバー・パール・ハーバー（真珠湾を忘れるな、思い出せ）」のスローガンが叫ばれ、アメリカ国民は結束した。

アメリカ国民の日本に対する敵対心は燃え上がり、それに乗じて1942年（昭和17年）2月19日に、ルーズベルト大統領は「大統領令9066号」に署名を行い、「軍が必要ある場合（国防上）強制的に『外国人』を隔離する」ことを承認。12万人余の日系アメリカ人のほか、メキシコやペルーなどアメリカの友好国である中南米諸国に在住する日系人と日本人移民が、**アメリカ全土の11ヶ所に設けられた強制収容所**に強制収容された。

真珠湾に端を発した、いわゆる太平洋（大東亜）戦争では多くのアメリカ軍人等も亡くなった。その遺族を中心に、**原爆投下は戦争終結を早め、日本列島での上陸直接戦闘が回避され、多くのアメリカ軍人たちの死を救ったとする考えが根強くあり、今なお、核兵器廃絶運動の進展を妨げる一因となっている。**

3 日本の快進撃

1942年（昭和17年）2月15日、シンガポールのイギリス軍・オーストラリア軍

ジャワ島西部バンタム湾のメラク海岸に上陸した第2師団将兵。
1942年3月1日

が日本軍に降伏する。同年3月1日、日本軍はジャワ島に上陸、同7日蘭領東インドのオランダ軍を降伏させた。5月1日には英領ビルマのアキャブを占領し、ビルマ制圧を完了。さらに、5月10日には米領ミンダナオ島を占領した。

開戦から半年、日本は圧倒的に優勢で、東は太平洋の島々から、西は東南アジアにいたる一帯を勢力下においた。

□バターン死の行進

1942年（昭和17年）4月9日、日本軍はフィリピンのバターン半島のアメリカ・フィリピン軍を破り、同半島を占領した。米兵らが投降したバターン半島の突端から収容所（オードネル捕虜収容所）までは88kmの距離があり、捕虜たちは3日間もの過酷な徒歩行を強いられた。

捕虜となったアメリカ軍とアメリカ領フィリピンの兵は灼熱の地をひたすら歩かさ

れ、収容所にたどり着いたのは、約7万6千人の捕虜のうち約5万4千人で、約7千人から1万人がマラリアや飢え、疲労、そして日本軍の処刑などで死亡したものと見られている。**戦争中の日本軍が行った残虐行為の一つとして知られている。**

□南アジア占領政策

日中戦争が泥沼の様相を見せるさ中の1938年（昭和13年）11月、第二次近衛文麿内閣で戦争の目的が日本・満州・中華民国（日・満・華）の三国連帯による「大東亜新秩序」の建設であると掲げた日本は、『大東亜共栄圏の建設』をスローガンに「アジアの諸民族を欧米の植民地支配から解放する」と訴えていた。

しかし、太平洋戦争を続けるために、日本は石油・ゴムなどの資源や米などの食料を国外に確保する必要があった。そこで、日本は、占領した地域で軍政を敷き、それまで支配していた欧米諸国に代わって南アジアを支配した。日本語による皇民化教育や宮城遥拝の推奨、神社造営を行い、現地の物資を徴発し、現地民を鉱山や工場で働かせたりした。

その過程で虐殺や女性を慰安婦として強制的に戦場に送りだすことも行われたといわれる。

バターン死の行進 行進中の小休止 捕虜は手を縛られている

朝鮮人による宮城遥拝

占領政策の進展と共に、当初は日本に期待していたインドネシアやビルマ（ミャンマー）といった国々では、民族主義者の対日期待感が次第に失意あるいは反感に変わって、占領の末期には各地で大小様々な抗日運動が展開されるようになった。

大阪高等商業学校（現・大阪市立大学）での学校教練

4 日本人の生活（暮らし）

戦争が拡大すると日本では、1938年（昭和13年）4月1日法律第55号により**「国家総動員法」**が制定され、同年、綿糸配給統制規則によって国内綿糸の消費量が規制されたのに始まり、以後、1939年の電力調整令、1940年（昭和15年）の砂糖・マッチの切符制、1941（昭和16年）年の米穀配給制、1942年（昭和17年）の衣料総合切符制と続き、日用品から生産資材に至るほとんどの物資が統制配給の対象となった。

詳しく見ていくと、1941年3月、主食や燃料などを配給で割り当てる**「生活必需物資統制令」**が国家総動員法に基づく勅令として発せられた。これにより、同年4月1日から東京、横浜、名古屋、京都、大阪、神戸の六大都市で米などの穀物は配給通帳制になった。

この年、米だけでなく、酒や卵、魚類なども配給制となり、消費が制限された。

1942年（昭和17年）2月21日には、**「食糧管理法」**が制定され、既存の食糧関係の法規を整理・統合し、主要食糧の国家管理の強化が図られた。この法律のもとに、米穀の配給通帳制度は整備され、全国で施行されるようになる。

1世帯に1通発給されたこの通帳には、1日当たりの配給量が記入されていた。

指定された配給日に通帳を持って配給所へ行くと、通帳に印鑑を押してもらうのと引き換えに、その世帯の1日の配給量に配給日数をかけた量のお米を購入することができた。

配給量は年齢や職業によって異なり、1941年（昭和16年）には、1歳～5歳が120グラム、6歳から10歳までは200グラム、11歳から60歳までは330グラム、61歳以上は300グラムに定められていた。

米の配給は、初めは商店で実施されていたが、やがて町内会や隣組など地域ごとに特定の場所で配給されるようになり、配給日には配給所は長蛇の列となり、何時間もかけて人々は並んだ。

切符配給制では、背広50点、靴下2点などと定め、1年間に一人が購入できる衣料の限度を、都市部100点、郡部80点とした。戦争が長引くと、配給の米は玄米へ、あるいは乾麺、芋・大豆などの代用品に変わっていき、配給そのものが遅れたり滞ったりすることも日常茶飯事となっていった。

「ぜいたくは敵だ」「欲しがりません勝つまでは」などの標語がつくられ、国民

は政府のいうままに耐乏生活を強いられた。都市の食料不足は深刻で、人々は飢えに悩まされ、庭や公園、学校の運動場までが畑に変わっていった。

　そのため、人々は食べ物を農家に直接買いに行ったり、「ヤミ」と呼ばれる非合法のルートで軍からの流用品などを入手して、不足分を補おうとした。ヤミで購入する米の価格は配給米の何倍もしたが、それなしで暮らすことなど出来なかったといわれている。

5 分岐点となったミッドウェー海戦

　1942年（昭和17年）6月5日〜7日、北太平洋ミッドウェーの海戦で日本はアメリカ軍に敗れる。日本軍は赤城、加賀、蒼龍、飛龍の4空母と艦載機390機を失う大敗を喫した。アメリカは、日本のミッドウェー攻撃を事前に暗号で解読していたといわれる。

　この年の後半からアメリカの本格的な反抗が開始され、戦いの流れが変わった。ミッドウェー海戦の後、アメリカ軍の猛攻により、太平洋の島々は次々とアメリカの手に渡っていく。

　1942年8月7日、アメリカ軍は南太平洋のガダルカナル島に上陸。激戦の末、

米空母ヨークタウンの左舷に日本軍の2本目の魚雷が命中した瞬間（ミッドウェー海戦）

日本軍は敗れ、翌年同島から撤退する。

　1944年（昭和19年）6月15日、アメリカ軍はマリアナ諸島のサイパン島に上陸し、同年7月7日、日本軍玉砕、在住日本人1万人が死亡した。

サイパン島陥落の責任を問う形で、7月18日、東条英機内閣は総辞職した。

　生きて捕虜となるな、という日本軍の命令は民間人を巻き込み、サイパン島の戦いでは女性を含めて大勢の人が断崖から海に身を投げた。そのため、その地は米軍によって「バンザイクリフ」と名づけられた。

　サイパン島にはアメリカ軍の航空基地が作られ、以後、サイパン島などの島々はアメリカ軍の日本爆撃の基地となった。それまでアメリカ軍の攻撃機はハワイなどの基地を飛び立ってきたが、日本まで距離があるため日本本土への空爆はできなかった。サイパン島は日本までの距離が近かったため、サイパン島の陥落は、アメリカ軍の日本本土への空爆を可能にすることになった。

　1944年（昭和19年）11月24日、米軍の新型爆撃機B-29がマリアナ諸島より東京を初空襲する。こうして、**B29による本土空襲が開始された。**

6 学生、生徒の動員

　1943年（昭和18年）10月21日、秋雨が降る神宮外苑競技場で**文部省学校報国団本部の主催による東京での出陣学徒壮行会**が催された。そこには首都圏の77校が参加、軍靴の音を響かせ行進する男子学徒・約25,000人、それを拍手で見送る女学生・約65,000人の姿があった。戦局が悪化し、徴兵猶予を解か

神宮外苑競技場での出陣学徒壮行会（1943年10月21日）

れた学徒たちが戦地に赴（おもむ）くことになったのである。いわゆる「**学徒出陣**」である。

　兵力不足を補うため、高等教育機関に在籍する20歳（1944年10月以降は19歳）以上の文科系（および農学部農業経済学科などの一部の理系学部）の学生を在学途中で徴兵し出征させたのである。日本国内の学生だけでなく、当時日本国籍であった台湾や朝鮮のほか、満州国や日本軍占領地、さらには日系二世の学生も対象とされた。「学徒動員」と表記されることもある。

　1938年（昭和13年）6月から文部省は中等学校以上の学校に対して集団的勤労作業の実施を指令し、1941年8月には学校報国隊を組織して勤労動員が行われた。

　1941年（昭和16年）4月1日より、尋常（じんじょう）小学校を国民学校初等科（修業年限6年）に、高等小学校を国民学校高等科（修業年限2年）に改組（かいそ）。子（こ）どもたちは少国民（しょうこくみん）と呼ばれ、心身をしっかり鍛（きた）え、より強い日本の国をつくる人間になるための教育が施（ほどこ）された。**新しい国定教科書による厳しい教育が行われ、木銃（もくじゅう）による軍**事教練（**女子はなぎなた訓練・救護訓練・看護訓練**）なども行われた。

　1943年6月に「**学徒戦時動員体制確立要綱**」が閣議で決定され、以後本格的に学徒動員が実施された。同年6月16日の工場法戦時特例により、女性や16歳以下の若年労働者を長時間労働や夜勤から保護してきた既存の工場法は破棄（は）された。

　1944年（昭和19年）3月には動員はさらに強化され、原則として「通年動員」の態勢となり、同年8月23日には「**学徒勤労令**」が公布された。中等学生以上は勉強の代わりに、工場の仕事や土木作業をすることが多くなった。

　戦時日本の労働力が逼迫する中で、強制的に職場を配置換えする国家総動員法のもと、彼らは国民総動員体制の補助として、工場などでの勤労労働に従事した。「学徒勤労令」とともに1944年8月23日に制定された「**女子挺身勤労令**（ていしん）」によって12歳〜40歳の内地（日本）の女性が動員された。さらに、25歳以下の未婚女性を女子挺身隊に編成して、軍需工場へ動員した。

1945 年（昭和 20 年）の春には国民学校初等科以外の授業は原則として停止され、全学徒は決戦体制に総動員された。同年 5 月「**戦時教育令**」により教育の決戦体制を法制化した。

7 ヤルタ会談

1944 年（昭和 19 年）10 月 14 日、ルーズベルト米大統領は日本の降伏を早めるために在ソビエトアメリカ合衆国特命全権大使ウィリアム・アヴェレル・ハリマン（William Averell Harriman、1891 ～ 1986）を介してソビエト連邦共産党書記長ヨシフ・スターリン（1878 ～ 1953）に対日参戦を提案した。ちなみにルーズベルトは、1944 年 11 月 7 日に先例のない米大統領選の 4 選を果たした。

同 12 月 14 日、スターリンは武器の提供と日本降伏後の南樺太及び千島列島の領有を要求、ルーズベルトは千島列島をソ連に引き渡すことを条件に、日ソ中立条約の一方的破棄を促した。

翌 1945 年（昭和 20 年）2 月 4 日から 11 日にかけて、ソビエト連邦クリミア半島のヤルタで、ルーズベルト、イギリス首相ウィンストン・チャーチル（Winston Churchill、（1874 ～ 1965）、スターリンによる会談（ヤルタ会談）が開かれ、連合国の戦後処理構想、国際連合構想についての協議が行われ、**ヤルタ協定**が結ばれた。また、日本の領土分割などについても協議され、2 月 8 日の会談ではこれが 4 項秘密条項としてまとめられた。

ルーズベルトは、ドイツ降伏後も当分の継続が予想された対日戦を、降伏条件を緩和することなしに早期に終結させるため、スターリンに対し南樺太及び千島列島のソ連帰属、旅順租借権のソ連による回復、大連に関するソ連の優越的地位、南満州および東支鉄道経営へのソ連の参加、外蒙の現状維持などを条件にドイツ降伏後 3 ヶ月以内の対日参戦を要求した。**実際、後にソ連は日ソ中立条約を破棄し満州に侵攻する。**

そんな中、ルーズベルトは、1945 年（昭和 20 年）4 月 12 日の昼食前に脳卒中で死去し、副大統領ハリー・S・トルーマン（Harry S.Truman、1884 ～ 1972）が大統領に就任した。

8 東京大空襲

実は開戦当初、日本軍はアメリカ西海岸を攻め、アメリカ本土までも攻撃し戦果を上げていた。しかし、その後は南方戦

ヤルタ会談（左からチャーチル、ルーズベルト、スターリン）

東京大空襲　1945年3月10日未明空襲後の浅草松屋屋上から見た仲見世とその周辺

線に勢力を注いだ。その結果、東方戦線が手薄になった。それを見こしたアメリカ軍は、開戦半年後の1942年（昭和17年）4月18日、陸軍航空軍の爆撃機（航空母艦より発進）によって日本本土に対する初めての空襲を行った。

サイパン陥落後、空襲は激しさを増し、**1945年（昭和20年）3月10日の空襲では、一夜で東京35区の1/3以上が焼失し、約10万人が死亡した。夜間に超低空から実行された、焼夷弾による都市攻撃であった。**

東京は、1944年（昭和19年）11月24日以降、アメリカ軍機B-29より106回の空襲を受けたが、特に1945年3月10日、4月13日、4月15日、5月24日未明、5月25日〜26日の5回は大規模だった。中でも3月10日の夜間空襲は、「東京大空襲」と呼ばれ、罹災者は100万人を超えた。

マリアナ基地から発進するアメリカ軍機B-29による空襲は東京だけでなく、1945年（昭和20年）3月12日名古屋大空襲、3月13日大阪大空襲、3月17日神戸大空襲など、日本の多くの都市が破壊され、多数の犠牲者・被災者が出た。

マリアナ諸島の島々、サイパン島、グアム島、テニアン島などが、日本本土に対する戦略爆撃の基地として利用された。

9 学童疎開

1944年（昭和19年）7月7日のサイパン島陥落により米軍の次ぎの進攻目標は南西諸島と想定されたため、沖縄から南九州・台湾への10万人の緊急疎開計画が決定する。同年8月22日、那

学童疎開

覇から九州に向かった学童疎開船「対馬丸」が米軍潜水艦により撃沈され、学童775人を含む約1,500人が犠牲となった。

戦局の悪化とともに、本土の学童たちも空襲を避けるために田舎に疎開することになった。最初は、親戚や知人をたよっての疎開（縁故疎開）であったが、1944年（昭和19年）6月30日、閣議決定された**「学童疎開促進要綱」**にもとづき、縁故疎開先がない国民学校初等科（現在の小学校）の3年生から6年生の学童が集団疎開することとなった。

学童疎開の対象都市は東京、横浜、川崎、横須賀、名古屋、大阪、尼崎、神戸、門司、小倉、戸畑、若松、八幡の13都市だったが、その後、京都、舞鶴、広島、呉の4都市が追加された。

1945年に入り、激化する一方の本土空襲に対処し、本土決戦に備える政府は、3月「学童疎開強化要綱」を閣議決定し、**国民学校初等科3年生以上の全員疎開と1・2年生の縁故疎開・集団疎開を強力に推進し、全国で約60万人が疎開したとされる。**しかしながら、縁故疎開にも集団疎開にも参加できず、空襲下の都市に残留した学童もおり、そうした学童に対

する学校教育は停止され、集会所などで訓育を中心とする寺子屋式教育が細々と行われた。

疎開生活は、食糧不足、習慣の違い、いじめ、厳しい規律、ノミ・しらみ等に悩まされ、幼い学童の心に深い傷跡を残した。

10 特攻隊

　各地での日本軍の敗戦の事実は、国民には知らされず、政府や軍は、必ず勝つと宣伝した。

　1944 年（昭和 19 年）10 月 20 日から同 25 日にかけての、フィリピンのレイテ島沖海戦の敗北から、日本は特別攻撃隊（特攻隊）を組織した。特攻隊とは、片道だけの燃料しか積まず死ぬことを覚悟して敵の艦船に爆弾を抱えたままで体当たりする部隊をいう。特攻隊への入隊は、すなわち、死を意味する。お国のためといわれ、志願したくないパイロットは挙手するよう、大きな集団の中で聞かれ、同僚からのプレッシャーの中、作戦を嫌だといえる人はほとんどいなかったという。また、参加の意思を聞かれる事も無かったという証言もある。

特攻隊の攻撃では、4,000 人近くが戦死したといわれ、ほとんどが 17 ～ 24 歳だった。

　特攻隊攻撃は飛行機によるものだけでなく、魚雷に乗って敵艦船めがけての体当たりや歩兵が爆薬を抱いて戦車の下に身を投げる攻撃法もあった。

11 沖縄戦

　沖縄戦は 1945 年（昭和 20 年）3 月 23 日の沖縄本島への空爆・艦砲射撃から始まり、4 月 1 日には、アメリカ軍とイギリス軍を主体とする連合国軍が沖縄読谷・北谷に無血上陸する。連合国軍の目的は、日本本土攻略のため、マリアナの基地と共同体制をとれる日本本土爆撃用の航空基地確保と、日本本土進攻の補給基地の確保であった。地形が変わるほどの激しい艦砲射撃が行われ、令和となった今でも、多くの不発弾が住居付近に残っている。

沖縄は、日本で唯一、アメリカ軍との地上戦が行われた場所であり、日本軍により強要された「自決」を含め多くの民間人が犠牲になった。日本軍による住民の食料強奪や、スパイ容疑や戦闘の邪魔になるという理由での住民虐殺といった忌まわしい事件も多くあったといわれる。

　当時沖縄には 21 の中等学校があったが、沖縄戦では、これらすべての中等

1945年4月12日、知覧陸軍飛行場より出撃する特攻隊

1945年4月1日沖縄本島に上陸するアメリカ軍海兵隊

学校の男女生徒たちが戦場に動員された。女子学徒は15歳から19歳で、主に看護活動にあたり、男子学徒は14歳から19歳で、上級生は「鉄血勤皇隊」に、下級生は「通信隊」に編成された。鉄血勤皇隊は軍の物資運搬や爆撃で破壊された橋の補修などに当たり、通信隊は爆撃で切断された電話線の修復、電報の配達などの任務に従事した。女子生徒らの「特志看護隊」（ひめゆり学徒隊など）は看護婦として従軍し、多くが爆弾などで戦死あるいは手榴弾で自決した。学業半ばで多くの学徒が短い命を散らし、鉄血勤皇隊の死者は約900名とされる。

アメリカ軍は6月23日（現在「慰霊の日」とされている）に沖縄を占領した。**沖縄戦では、県民60万人のうち、15万人以上が犠牲となった。4人に1人の割合であった。**

また、日本本土出身の将兵は約66,000人が戦死し、摩文仁崎の平和祈念公園の「平和の礎」記念碑には、日米軍民他の戦没者236,000人の氏名が刻まれている。軍人・軍属は日米合わせて90,000人ほどといわれ、**沖縄住民と徴兵された沖縄の人々が多く犠牲になったのが沖縄戦であった。**

12 ポツダム宣言

ドイツ降伏後の1945年（昭和20年）7月17日から8月2日にかけて、ベルリン郊外ポツダムにおいて、英国、米国、ソ連の3ヶ国の首脳（チャーチル、トルーマン、スターリン）が集まり、第二次世界大戦の戦後処理について話し合われた（**ポツダム会談**）。

ポツダム宣言は、この会談期間中の7月26日、チャーチル英国首相と中華民国の蒋介石国民政府主席、トルーマン米国大統領の共同声明として発表された。トルーマンがほとんど主導した、**日本の無条件降伏を含む宣言であった。**

13項から成り、1～5項で米英中は日本に対し宣言の即時受け入れを迫る。6項で日本の戦争行為を「国民を欺瞞し之をして世界征服の挙に出づるの過誤」と断じた。後半は、連合国が敗戦後の日本を占領すること（7項）や、日本の軍隊が完全な武装解除をすること（9項）、日本国民の基本的人権を確立すること（10項）などが列記された。無条件降伏の要

1945年8月14日、日本のポツダム宣言受諾を発表するトルーマン

米国大統領ハリー・S・トルーマン
（Harry S. Truman、1884～1972）

米軍機より撮影したきのこ雲(撮影／米軍、提供者／広島平和記念資料館)

求は最後の 13 項にある。しかし、日本はこれを黙殺して戦いを続けた。

13 人類史上初の原爆投下

1945 年（昭和 20 年）8 月 6 日午前 8 時 15 分、**アメリカ軍は、広島にウラン型原子爆弾「リトル・ボーイ」を投下した**（人類史上初めて核兵器が実戦使用された事例であるが、これについては別記する）。

3 日後の 8 月 9 日午前 11 時 02 分、アメリカ軍は長崎県長崎市にも原爆を投下した。これは、今のところ人類史上実戦で使用された最後の核兵器である。アメリカ合衆国連邦政府は、この原子爆弾のコードネームを「ファットマン（Fat Man）」と名付けていた。

第 1 目標の小倉市上空が八幡空襲で生じた靄によって視界不良であったため（原爆を警戒した八幡製鐵所がコールタールを燃やして煙幕を張っていたともいう）、第 2 目標である長崎市にプルトニウム型原子爆弾を投下したのだ。原爆の投下により、当時の長崎市の人口 24 万人（推定）の

ミズーリ艦上における降伏文書調印式

うち約7万4千人が死亡し、建物は約36%が全焼または全半壊した。

14 敗戦

1945年（昭和20年）8月14日、日本政府はポツダム宣言の受諾を駐スイス及びスウェーデンの日本公使館経由で連合国側に通告、ポツダム宣言を受諾して降伏した。このことは、翌8月15日正午からの天皇のラジオ放送（玉音放送）によって発表された。

この放送で、多くの国民が日本の敗戦を知った。これにより、8月15日は終戦記念日となった。

9月2日、東京湾内に停泊する米戦艦ミズーリ号の甲板で日本政府全権の重光葵（1887〜1957）と大本営（日本軍）全権の梅津美治郎（1882〜1949）及び連合各国代表が、宣言の条項の誠実な履行等を定めた降伏文書（休戦協定）に調印した。

こうして、**3年9ヶ月にわたる太平洋戦争は日本の敗北で終わった。日本人の死者は、軍人230万人、民間人80万人、計310万人とされる。**

降伏した日本は、連合国軍によって占領されたが、占領軍は、実質的にアメリカ軍のみだった。

雪をいただく故国の山々に感激の涙を流しながら上陸
（所蔵：舞鶴引揚記念館）

15 外地からの引揚げ

終戦直前、満州国には約150万人もの日本人がいた。1945年（昭和20年）8月8日、ソ連は1946年4月26日まで有効だった日ソ中立条約を破棄して参戦し、満州・朝鮮北部・千島に侵入を開始する。前述のとおり1945年2月に開かれたヤルタ会談で、ソ連の対日参戦が決まっていた。長崎に原爆が落とされた8月9日、ソ連軍は日本を敵とみなして、満州になだれ込んできた。

新京の関東軍関係者は8月10日、憲兵の護衛付き特別列車で脱出し、満州にいた日本軍は居留民を見捨てて主力を撤退させた。自分たちを守ってくれるはずの軍隊がいなくなった満蒙開拓移民をはじめとする日本人居留民たちを待ち受けていたものは、ソ連軍や中国人、朝鮮人らによる略奪・暴行・虐殺と、飢えだった。

こうして満州国は崩壊し、中国内地と合わせ170万人ともいう多くの日本人は大混乱となり、その過程で、一部の日本人の幼児は、肉親と死別したりはぐれたりして現地の中国人に保護され、あるいは肉親自身によって現地中国人に預けられて戦後も大陸に残った。いわゆる**中国残留日本人孤児**が数多く発生したのである。

外地から日本への引揚げは、1945年（昭和20年）9月、米軍管区から開始され、オーストラリア軍管区、イギリス軍管区と続いた。ソ連軍管区からの引揚げは、ソ連軍の撤退が本格化した1946年（昭和21年）3月からはじまった。中国軍管区の日本人は、新京（現在の中華人民共和国吉林省長春市）や大連（同遼寧省大連市）などの大都市に集められた

が、引き揚げ作業は遅れ、ようやく1946年5月から開始された（葫芦島在留日本人大送還）。そして、1948年（昭和23年）までに総計105万人余りの在留日本人が日本へ送還された。

ソ連軍管区からの引き揚げは、昭和21年夏から本格化したが、容易には進展しなかった。国内各地に引揚港が設けられたが、1950（昭和25年）以降は舞鶴港が国内唯一の引揚港となり、1958年（昭和33年）の終了までに、延べ346隻の引揚船と約66万人の引揚者を受け入れた。

しかし、帰国した「引揚者」は、戦争で経済基盤が破壊された日本国内では居住地もなく、苦しい生活を強いられた。

敗戦時、海外には軍人・民間人あわせて660万人を超える日本人が残されていたといわれ、海外から帰国する軍人や民間人を乗せた引き揚げ船はどれも超満員だった。

16 シベリア抑留

敗戦後、ソ連軍によって武装解除され投降した日本軍捕虜らは、主にシベリアなどへ労働力として移送隔離され、長期にわたる抑留生活と、森林を切り倒し、炭鉱を掘る、鉄道を建設するなどの奴隷的強制労働により多くの人的被害を被った。

ソ連によって抑留された日本人は約57万人に上り、厳寒環境下で満足な食事や休養も与えられず、苛烈な労働を強要させられたことにより、約5万8千人が死亡したという。このうち氏名など個人が特定された数は2019年（令和元年）12月時点で4万1362人である。

なお、戦後の戦没者遺骨収集事業で、シベリアに抑留されて死亡した日本兵の遺骨約650人分を国内に持ち帰ったが、2018年（平成30年）に専門家の指摘を受けて16人分の遺骨のDNA鑑定をしたところ、日本人でないことが判明し、残る遺骨についても約600人分が日本人でない可能性があるという。なんとも、不可解な話である。

ソ連抑留者（所蔵：平和祈念展示資料館）

第二章 核兵器の開発

1 放射線・放射能の発見

　1895年（明治28年）11月8日の夕方、ドイツのヴィルヘルム・コンラート・レントゲン（Wilhelm Conrad Röntgen、1845～1923）は、非常に透過能力の強いものが放電管から発生していることに気づいた。それは電磁波であり、この電磁波は陰極線のように磁気を受けても曲がらないことから、レントゲンは放射線の存在を確信し、数学の未知の数をあらわす「X」の文字を使い、仮の名前としてX（エックス）線と名付けた。普通の光は厚いボール紙で簡単に遮ることができるのに、放電管から出るX線は彼が分厚い本を放電管と蛍光スクリーンの間に置いても遮られずに蛍光スクリーンを光らせたのだ。これが、人類が放射線に気がついた最初の出来事だった。

　このニュースは瞬く間に世界中を駆けめぐり、多くの研究者がX線の研究に熱中した。その中の一人、フランスのアントワーヌ・アンリ・ベクレル（Antoine Henri Becquerel、1852～1908）は翌1896年、太陽光線をウラン塩にあてて燐光を発生させる実験を繰り返していた。ところが、冬のパリのこと、天気の悪い日が続くのでベクレルはしかたなく黒紙に包んだ写真乾板とウラン塩を同じ引き出しに入れておいた。数日後、ベクレルが取り出した写真乾板は前よりもっと黒く感光していた。彼は、太陽の光が無くてもウラン塩自身が自発的に写真乾板を黒くしてしまうもの（放射線）を放出していると考えた。これが、「**放射能**」の発見であった。

　1898年（明治31年）には、キュリー夫妻（フランス人ピエール・キュリー（1859～1906）とポーランド出身マリヤ・スクウォドフスカ（1867～1934））が、ウランよりも数万倍も強い放射線を出す**ラジウムを発見**、夫妻は特許を取得せずその知見を無償開放した。

　これと平行して同年、ニュージンランド出身のアーネスト・ラザフォード（Ernest Rutherford、1871～1937）が、ウランからの放射線には透過能力の違う2種類のも

ヴィルヘルム・コンラート・レントゲン（Wilhelm Conrad Röntgen、1845～1923）

アントワーヌ・アンリ・ベクレル（Antoine Henri Becquerel、1852～1908）

マリア・スクウォドフスカ＝キュリー（Maria Salomea Skłodowska-Curie、1867～1934）

アーネスト・ラザフォード（Ernest Rutherford、1871〜1937）

マックス・カール・エルンスト・ルートヴィヒ・プランク（Max Karl Ernst Ludwig Planck,1858〜1947）

のα（アルファ）線とβ（ベータ）線があることを明らかにした。

続いて 1900 年（明治 33 年）、フランス人ポール・ヴィラール（Paul Ulrich Villard、1860〜1934）が、γ（ガンマ）線を発見するに至って、原子の奥底から人類に向けられた重要なメッセンジャーである放射線の正体が人類の目の前に勢ぞろいすることになった。

また、1900 年には、ドイツ人のマックス・カール・エルンスト・ルートヴィヒ・プランク（Max Karl Ernst Ludwig Planck,1858〜1947）が、放射に関する「プランクの法則」を導出した。ちなみに後年、レントゲン、ベクレル、キュリー夫妻、プランク

はノーベル物理学賞を、ラザフォードは同化学賞を受賞している。

当時、リンゴから天体の運動まで統一的に記述できる、イングランド人のサー・アイザック・ニュートン（Sir Isaac Newton、1642〜1727）が確立したニュートン力学と、イギリス人ジェームズ・クラーク・マクスウェル（James Clerk Maxwell、1831〜1879）が樹立した電磁気学が、完成した美しい理論体系として物理学を支配していた。

しかし、放射線と放射能の発見は、物理学の世界に大きな革命をもたらす導火線となり、人類は未知の領域へと第一歩を踏み出すことになった。

◇◇◇

■コラム１「放射線」

「放射線」は、高い運動エネルギーをもって流れる物質粒子（α線、β線、中性子線、陽子線、重イオン線、中間子線などの粒子放射線）と高エネルギーの電磁波（γ線とＸ線のような電磁放射線）の総称で、気体を電離させ、写真作用・蛍光作用を示す。放射線を出す能力を「放射能」といい、放射線を出す物質を「放射性物質」という。

電磁波であるＸ線は、医療分野（診断用）でのＸ線撮影・CT、材料の内部の傷等の探索（非破壊検査）、物性物

理学分野での結晶構造解析（X線回折）、化学物質等に含まれる微量の元素の検出（蛍光X線分析法）、空港等での手荷物検査（後方散乱X線検査装置）などに利用されている。

　粒子であるα線は、脳腫瘍，悪性黒色腫（メラノーマ）などのガン治療、薄膜の厚さ測定に利用され、また、住宅用火災警報器や自動火災報知設備のイオン化式煙感知器には、アメリシウム241が放出するアルファ粒子が利用されている。

　粒子であるβ線は、がんの小線源治療に用いられている。小線源治療には、容器内に密封された放射性同位元素を腫瘍組織内に直接刺入する（舌や前立腺、脳腫瘍など）、または腫瘍近傍の腔内（食道や子宮など）に挿入する密封小線源

治療と、放射性同位元素そのものや放射性同位元素によって標識された薬剤を体内または腫瘍（歯肉、頬粘膜）に直接投与する非密封小線源治療がある。

　原子核が核分裂すると出る、粒子である中性子線は、結晶構造解析、特に磁気構造の解析に有用である。

　電磁波であるγ線は、一般的なガンマ線源としては、コバルトの放射性同位体であるコバルト60（60Co）が用いられる。これは安定同位体のコバルト59（59Co）を原子炉内で中性子線に晒す事で生成され、医薬品や医療廃棄物、食品などのγ線滅菌、工業的なX線写真（溶接部X線写真）、脳腫瘍除去などのガンマナイフに使われている。

■コラム2「原子と元素」

　「原子」とは、元素の特色を失わない範囲で達し得る、最小の微粒子であり、「元素」とは、物質を化学的に分けていって最後に得られる要素で、ただ一種類の原子によって作られる物質とされる。元素には、水素（H）・鉄（Fe）・ナトリウム（Na）・ラジウム（Ra）・ウラン（U）などがある。

　「ウラン（U）（ウラニウム）」とは、昔から地球上にあり、自然界の中で一番大きくて重い元素といわれていた。ウランには、燃える（核分裂する）ウラン235（約

0.7%）と、燃えない（核分裂しない）ウラン238（約99.3%）がある。

　核分裂とは、ウランやプルトニウムなどの核が、中性子を取りこむ（吸収する）ことなどによって、ほぼ二つ（まれには三つ以上）の原子核（核分裂片）に分裂する現象をいう（原子核分裂）。

　1951年（昭和26年）にネプツニウム（Np）が、1952年にプルトニウム（Pu）がウラン鉱石の中からごく微量に検出されたことで、ウランは地球上に天然に存在する最も原子番号の大きな元素の座を譲った。

2 原爆の誕生

ウランが核分裂する際に、強大なエネルギーを出すことを発見したのは、ドイツの化学者・物理学者の二人、オットー・ハーン（Otto Hahn、1879 ～ 1968）とフリッツ・シュトラスマ（Fritz Strassmann、1902 ～ 1980）であった。オーストリアの物理学者であるリーゼ・マイトナー（Lise Meitner、1878 ～ 1968）とオットー・ロベルト・フリッシュ（Otto Robert Frisch、1904 ～ 1979）に理論的証明の手助けを受けたという。この発見は1938 年（昭和 13 年）、第二次世界大戦の前年のことである。

ナチスドイツや米国だけでなく、世界中の物理学者がこれを理解し、大日本帝国下の日本でも、原子爆弾を作る研究が始まった。しかし、豊かな資源に恵まれ、第二次大戦の主戦場にならなかった米国だけが、原爆を作り上げる条件を備えていた。

1939 年（昭和 14 年）9 月に欧州で戦争が始まると、アメリカ合衆国は、非道なナチスドイツを抑えるという名分のもとに、この強大なエネルギーを利用した爆弾の開発・製造を急いだ。その計画では、1万人ともいわれる科学者・技術者・労働者を秘密都市（ロスアラモス国立研究所）に閉じ込め、20 億ドル（当時の日本の全国家歳出相当額）といわれる資金を投入して、原爆製造に邁進した。これがいわゆる「マンハッタン計画」である。計画は 3 年 7 ヶ月を費やし、1945 年（昭和 20 年）7 月、ついに 3 個の原子爆弾が完成した。その前年の 1944 年（昭和 19 年）9 月に、米大統領と英首相は「原爆を日本に対して使用することについて意見が一致した」という。

ウラン核分裂の発見当初から、戦争の武器として使われることを危惧していたハンガリー生まれのアメリカのユダヤ系物理学者・分子生物学者レオ・シラード（Leo Szilard、1898 ～ 1964）らは、「フランク・レポート」の中で、最も死傷者の少ない方法を用いるべきだと主張した。シラードら 7 人の科学者は、日本に対する原子爆弾の無警告での使用には反対であった。

シラードはアルベルト・アインシュタイン（独：Albert Einstein、1879 ～ 1955）を通じたフランクリン・デラノ・ルーズベルト（Franklin Delano Roosevelt、1882 ～ 1945）大統領へ

レオ・シラード（Leo Szilard、1898～1964）

アルベルト・アインシュタイン（Albert Einstein、1879～1955）

レズリー・リチャード・グローヴス（Leslie Richard Groves、1896～1970）

組み立てたファットマンを輸送

の進言によって原子爆弾開発のきっかけを作った人物として知られる。

そして、原子爆弾の恐ろしさを知る他の科学者の間にも、使用を反対する声が上がった。アメリカ陸海軍の将軍の一部からも、市民の多くが犠牲になると反対の声が上がった。しかし、アメリカ政府・軍部は原子爆弾を日本に投下することを決定した。

国の大半が焼土（しょうど）と化していた日本の軍国主義にとどめを刺し、連合国側の犠牲を極力少なくする、そして膨大（ぼうだい）な経費を使った原爆開発をアメリカ国民に正当化できる、原爆のもたらす効果を正確に測定把握（はあく）できるという軍部・政府の功利的な意志が働いた。

ハリー・S・トルーマン自身は生涯、原爆投下を正当化していたといい、アメリカでは未（いま）だに「戦争を早期終結に導き、アメリカ将兵の命を救った大統領」という評価が定着している。

完成した3個の原爆のうち、一つ（プルトニウム爆弾）は**1945年（昭和20年）7月16日にニューメキシコ州のアラモゴードの砂漠で核実験**が行われ、その恐るべき効果が実証された。トリニティ（三位一体（さんみいったい））と名付けられたその原爆は、半信半疑で見守る科学者や軍人の前で千の太陽より明るく輝いた。そして、爆心地付近では鉄をも溶かし、数km先の建物を壊し、実験動物たちを殺戮（さつりく）することが分かった。

その直後「リトル・ボーイ」と「ファットマン」の暗号名を持つ残りの2個は、マリアナ諸島テニアン基地に移され、投

下の準備が進められた。

米国大統領ハリー・S・トルーマンは、ポツダム宣言発表前の7月25日に、既に広島、小倉、新潟、長崎のいずれかへの原爆投下を命令していたといわれる。しかし、マンハッタン計画の最高責任者レズリー・リチャード・グローヴス（Leslie Richard Groves、1896～1970）が作成した原爆投下指令書をトルーマン大統領が承認した記録はないともいう。

攻撃の第1目標は「広島市中心部と工業地域」（照準点は相生橋付近）、予

原子爆弾リトル・ボーイ

備の第2目標は「小倉造兵廠ならびに同市中心部」、予備の第3目標は「長崎市中心部」であった。

搭乗員は新型爆弾、特別な爆弾とだけ知らされ、何ヶ月も模擬爆弾での投下、退避訓練を受け、決して雲の中を通るなと指示されて、8月6日、「リトル・ボーイ」（ウラン爆弾）を搭載したB29爆撃機エノラ・ゲイ号は、テニアン基地を出発し、広島の上空に到達した。

午前8時15分、同機より投下された「リトル・ボーイ」は、広島市の中心部

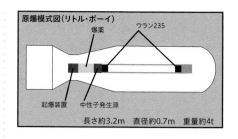

原爆模式図（リトル・ボーイ）
爆薬　ウラン235
起爆装置　中性子発生源
長さ約3.2m　直径約0.7m　重量約4t

の上空約580mで炸裂した。次いで9日、約24万人が暮らす長崎に「ファットマン」（プルトニウム爆弾）が投下された。

日本側の対応の不備の中、空襲警報も発令されず、日常の作業、暮らしを営む市民らに、阿鼻叫喚の地獄がもたらされた。

■コラム3「核分裂で生まれるエネルギー」

核分裂の際に放出されるエネルギーは、原子核の種類によって異なるが、核分裂片の運動エネルギー、核分裂中性子のエ

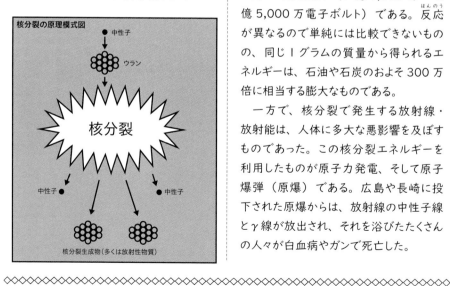

核分裂の原理模式図
中性子
ウラン
核分裂
中性子　中性子
核分裂生成物（多くは放射性物質）

ネルギーおよびγ（ガンマ）線やβ（ベータ）線のエネルギーなどの総計で、約190～250MeV（1億9,000万～2億5,000万電子ボルト）である。反応が異なるので単純には比較できないものの、同じ1グラムの質量から得られるエネルギーは、石油や石炭のおよそ300万倍に相当する膨大なものである。

一方で、核分裂で発生する放射線・放射能は、人体に多大な悪影響を及ぼすものであった。この核分裂エネルギーを利用したものが原子力発電、そして原子爆弾（原爆）である。広島や長崎に投下された原爆からは、放射線の中性子線とγ線が放出され、それを浴びたたくさんの人々が白血病やガンで死亡した。

第三章　広島の悪夢

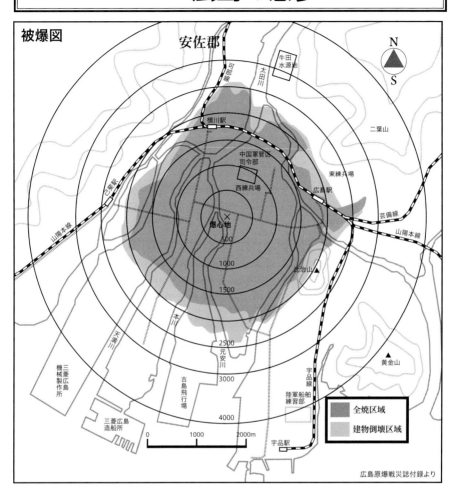

被爆図

安佐郡

N / S

牛田水源地
可部線
太田川
横川駅
二葉山
中国軍管区司令部
東練兵場
西練兵場
広島駅
己斐駅
芸備線
爆心地
山陽本線
500
1000
比治山
1500
山陽本線
黄金山
本川
2500
天満川
元安川
3000
宇品線
三菱広島機械製作所
吉島飛行場
陸軍船舶練習部
4000
三菱広島造船所
0　1000　2000m
宇品駅

全焼区域
建物倒壊区域

広島原爆戦災誌付録より

1　原爆投下

　1945年8月6日、月曜日の広島の朝は快晴だった。深夜零時過ぎに空襲警報が出たが、何ごともなく、午前2時10分に解除。朝の午前7時9分にまた警戒警報が出たが、これも7時31分に解除された。ほっとした人々は朝食を済ませ、それぞれの1日を始めていた。その時、午前8時15分、上空に閃光が走った。

　7時過ぎの警戒警報の時、原爆投下のために気象観測をするB29がただ1機、広島上空に飛来していた。しかし、人々はそれを知らないまま、真夏の街で行動を始めていた。戦時下ではあったが、勤労、家、配給、通院、見舞い、預金の引き出しなど市民生活が動き出した時刻だった。

　学校の生徒は、主に中学1・2年生の男女合わせて約8,400人が建物疎開を

手伝うことになっていた。ほかに軍需工場に動員された生徒も、学校で勉強しようとしていた生徒もいた。近郊の町や村の義勇隊約1万人も広島に入り、現場に到着しつつあった。

　この時、NHK広島中央放送局では、情報連絡室から突如、警報発令合図のベルが鳴った。古田正信アナウンサーは、

警報事務室に駆け込んで原稿を受け取り、スタジオに入るなりブザーを押した。古田アナウンサーは、「中国軍管区情報! 敵大型3機、西条上空を……」と、ここまで読み上げた瞬間、メリメリというすさまじい音と同時に、鉄筋の建物が傾くのを感じ、体が宙に浮き上がった。

　広島に投下された原子爆弾「リトル・ボーイ」は長さ約3m、直径約0.7m、重さ約4tの細長い形をしていた。**爆発の瞬間、約0.85kgのウラン235が核分裂し、その連鎖反応が起こり、爆発点に摂氏100万度、圧力数十万気圧の大きな火球ができた。1秒後にはこの火球は最大半径230mに達し、3秒間強い熱線**

被爆直後のきのこ雲全景（航空写真）（撮影／米軍、提供者／米国国立公文書館）

小網町の建物疎開作業現場に向かう途中、B-29が原爆を投下した瞬間を見る。(作者／木村 秀男、所蔵者／広島平和記念資料館)

を放射し約 10 秒間輝き続けた。**爆心地の温度は、摂氏 3,000 ～ 4,000 度に上ったといわれる。**

　爆発の瞬間に強烈な熱線と放射性物質が発生。周囲の空気がすさまじい力で膨張し爆風になった。風圧は 1 ㎡あたり 35 tに達した。そのエネルギーは、TNT 火薬（高性能火薬）に換算すると、約 1 万 6 千tに相当すると考えられている。**火球の消えた後に巨大なキノコ雲ができた。**異常な空気の乱れで生じた原子雲が、上昇気流に吹き上げられ、直径約 5 kmに及び、高さは最大で 16 kmに達したであろうといわれている。投下 4 時間後に広

広島護国神社拝殿南側の熱線で剥離した灯籠(撮影／林 重男、提供者／広島平和記念資料館)

島上空に来たアメリカの写真偵察機によると「市全体がまだ煙の雲に覆われていて、その周りにやっと火災を認めることが出来た」とされる。

　人々は爆発の直後、それぞれ爆心地から遠い方向に逃げた。広島駅付近の人は東や北へ、横川駅付近の人は北へ、比治山周辺の人は南や東に。もちろん家族や職場の事情などで、違う方向に向かった人もいたようだ。

　同じ頃、逆に救護のために周辺の町から広島に向かった人々もいた。広島港付近にいた陸軍船舶司令部は、所属する通称「暁部隊」の兵士たちを市中心部に救助に向かわせた。

　誰とも知れぬむごたらしい遺体、水を求めて川に飛び込む女学生、焼かれた皮膚を引きずりながら幽霊のように行く人、倒れた壁の下でうめく母を助け出そうとする息子、迫り来る炎、「もう苦しむだけだ」と瀕死の娘を板切れで叩く父など、全てが地獄絵のようだった。

　炎と叫び声に包まれ、避難と救助の交錯する街に、もう一つの原爆の魔の手「残留放射線」が立ち籠めていた。

　快晴の夏の日に、原爆投下 20、30 分後から、**爆心地から北西方面にかけて黒い雨が激しく降った。**炎の街から逃げ出したばかりの人々、市の郊外で市中にいる肉親の安否を気遣う人々が、黒いにわか雨に打たれた。塵や煤などが地表から巻き上げられ黒煙となり、空気中の水滴と混じった、ネバネバしたこの雨は、ウランの核分裂によってできた**放射性元素（死の**

広島護国神社大鳥居（撮影／林 重男、提供者／広島平和記念資料館）

下村時計店（撮影／林 重男、提供者／広島平和記念資料館）

広島瓦斯広島工場のガスタンクに熱線により残ったはしごの影（撮影／岸本 吉太、提供者／岸本 坦）

基町軍施設内の樹木（撮影／林 重男、提供者／広島平和記念資料館）

灰）を含んでいた。しかし人々がそのことを知ろうはずがなかった。のちに、炭素・珪素・鉄、そして原爆由来のウランが主な成分として検出された。

2 被爆状況

（1）建物の破壊状況

　原爆の強烈な爆風と熱線は、広島市内中心部の爆心地から 2 km 以内の建物をほとんどすべて破壊し、焼き尽くした。2 kmを超える地域でも、木造の建物は大破以上の被害を受け、**当時の広島市内の建物の 9 割が壊滅的な被害を受けた。**1946（昭和 21 年）年度市勢要覧によると、被爆前の建物 7 万 6,327 件のうち、原爆により 5 万 1,787 件が全壊または全焼し、「一部損壊以下」の建物は 6,180 件に過ぎなかった。コンクリートの建物は外観

を残し、窓ガラスなどは壊れて飛び散った。また、爆心地から 600 m 以内の屋根瓦は、表面が溶けてぶつぶつの泡状になった。

　かなり離れた場所でも熱線による着火の例がある。半径 1.8km の範囲では、木造の家は直射で燃え出したと考えられている。火事は投下 1 時間後から広がり、その日午後 2 時ごろまでが最も火勢が強く、夕方までに広い範囲を嘗め尽くした。火は場所によって、その後 2、3 日燃え続けたという。

　崩壊・全焼した総面積は約 13 K㎡に及んだ。広島は廃墟と瓦礫の町と化した。一面が焼け野原であった。

（2）人的被害

　爆発の際に放射された熱線と爆風は、人体にも大きな被害を及ぼした。中でも大量に放射された赤外線と可視光線は強い影響を与え、その被害は爆心地から約 3.5km に及んだ。熱線は人々の皮膚を焼いた。**半径 1.2km 以内では、皮膚は焼けただれ、内臓の水分も蒸発してしまい、即死あるいは数日後に死亡する人が多かった。**また爆風によって地上にたたきつけられ即死した人、負傷した人、壊れ

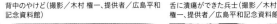
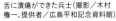

挺身隊として出動作業中に被爆した女生徒（撮影／陸軍船舶司令部写真班、提供者／広島原爆被災撮影者の会）

背中のやけど（撮影／木村権一、提供者／広島平和記念資料館）

舌に潰瘍ができた兵士（撮影／木村権一、提供者／広島平和記念資料館）

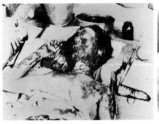
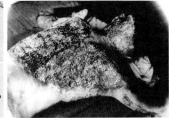

衣服は引き裂け皮膚はたれ下がりこの世の人とは思えぬ姿の負傷者たち。声も立てず黙々と郊外へ逃げていく。（作者／吉村吉助、所蔵者／広島平和記念資料館）

た家屋の下敷きとなり圧死・焼死や負傷した人も相次いだ。とくにガラスの破片は皮膚や肉に深くくい込んで、取り除くのに困難を極め、負傷者の苦痛も激しかった。

しかし最大の影響をあたえたのは放射線であった。爆心地における放射線量は、γ線（ガンマ線）103シーベルト・中性子線141シーベルト、また爆心地500m地点では、γ線28シーベルト・中性子線31.5シーベルトと推定されている。この圏内の被曝者は致死量の放射線を浴びており、即死（即日死）ないしは1ヶ月以内に大半が死亡した。

また爆心地5km以内で放射線を浴びた被曝者は急性放射線症を発症した。急性放射線症では、細胞分裂の周期が短い細胞よりなる造血組織・生殖組織・腸管組織が傷害を受けやすい。症状は、吐き気・嘔吐・食欲低下・下痢・発熱から始まり、被曝2週間後頃には放射能症に特徴的

な脱毛が始まる。そして、3週間後頃より皮下出血斑（点状出血）、口腔喉頭病巣を生じる。大量の放射線により骨髄・リンパ腺が破壊され、白血球・血小板の減少など血液障害を起こす。

6シーベルト以上の放射線を浴びた被曝者は、腸管障害（消化管組織の破壊により消化吸収不能となる）により、1ヶ月以内に大半が死亡した。

黒い雨で汚染された井戸水を飲んだ人は、その後3ヶ月に渡って下痢状態であった。

また、原爆は長時間に渡って残留放射線を地上に残した。このため、家族、友達や同僚などを捜して、また救護活動のため被爆後広島市内に入った人たちの中には、直接被曝した人と同じように発病・死亡する人もいた。「二次被曝者」である。

広島市で暮らしていた人は約35万人といわれ、急性障害のため、4ヶ月以内に亡くなった人の数は約14万人（±1万人）に上るといわれる。

数字に上下の幅があるのは、被爆直前の人口状況が分かる資料が原爆で焼失してしまった、多くの人が疎開のため広島市を離れたり逆に広島市に疎開して来たりして人口が流動的であった、軍関係者の情報が不明であることなどから、正確な被害者を掴むことが出来ないためとされる。

広島被爆写真と絵　その1

← 広島駅（被爆前）（提供者／広島平和
記念資料館）

広島駅（撮影／米軍、提供者／広島
平和記念資料館）→

← 市立第二国民学校（被爆前）（提供者
／広島平和記念資料館）

市立第二国民学校（撮影／米軍、提
供者／広島平和記念資料館）→

← 広島県庁（被爆前）（提供者／広島平
和記念資料館）

広島県庁（撮影／米軍、提供者／広
島平和記念資料館）→

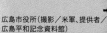

← 広島市役所（被爆前）（提供者／広
島平和記念資料館）

広島市役所（撮影／米軍、提供者／
広島平和記念資料館）→

← 中国軍管区司令部（被爆前）（提供者
／広島平和記念資料館）

中国軍管区司令部焼跡（撮影／岸本
吉太、提供者／岸本 坦）→

← 広島県産業奨励館（原爆ドーム）（被
爆前）（提供者／広島平和記念資料
館）

相生橋から広島県産業奨励館（原爆
ドーム）に向って（撮影／林 重男、提
供者／広島平和記念資料館,）→

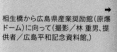

炎上中の広島市街(撮影／木村 権一、提供者／広島平和記念資料館)

破壊された広島市街(撮影／中田 左都男(同盟通信社)、提供者／広島平和記念資料館)

中国新聞社新館屋上から北東に向って(撮影／林 重男、提供者／広島平和記念資料館)

横川地区の傾斜した電柱。広瀬北町〜市立中学校方面を望む。(撮影／岸本 吉太、提供者／岸本 坦)

広島駅の内部(撮影／中田 左都男(同盟通信社)、提供者／広島平和記念資料館)

下中町、広島県立第一高等女学校跡(撮影／川本 俊雄、提供者／川本 祥雄)

八丁堀付近の電車通りで被爆し、全焼した路面電車(400形)(撮影／中田 左都男(同盟通信社)、提供者／広島平和記念資料館)

西練兵場付近の被爆死体(撮影／中田 左都男(同盟通信社)、提供者／広島平和記念資料館)

広島第二陸軍病院太田川畔テント救護所(撮影／川原 四儀、提供者／広島平和記念資料館)

広島中央電話局の復旧(撮影／米軍、提供者／広島平和記念資料館)

建物疎開作業をしていた動員学徒たち。爆風に飛ばされ熱線でやけどし本川に向かって逃げた。(作者／高原 良雄、所蔵者／広島平和記念資料館)

本川国民学校校庭と思われる死体の火葬場(撮影／川本 俊雄、提供者／川本 祥雄)

39

3 救護と調査

　原爆は、人や物に大きな被害を与えただけではなく、人々の社会生活そのものを破壊した。

　その徹底的な破壊力は、人々から親兄弟や親戚、知人、同僚などを奪い、あらゆる施設はもちろん、さまざまな社会的機能をも一瞬にして消滅させた。それは、かつて人々が経験したことのないものであり、生き残った人々の生活にも、言葉ではとても表現できない数多くの困難をもたらした。

　原爆によって心身に及ぼされた傷害は、時が経過しても癒えることがなく、特に放射線の恐ろしさが目立った。

　8月6日広島原爆投下当日、被害が少なかった宇品港（現在の広島港）の陸軍船舶司令部隊が救護活動の中心となったという。

　原爆が投下されてからの10日間は、広島にとっては「被爆直後の10日間」であると同時に、「まだ戦争中の10日間」だった。

　広島では、県庁も市役所も大被害を受けたため、関係の地方機関が場所を変えながら、応急対策について協議した。8日の軍官民連絡会議で、行政機関が救護、復旧に全力を挙げるために、警防団でも罹災証明を発行し、患者の収容所で早急に名簿を作って掲示、給食を1週間で打ち切り配給制に移す、といった方針を決めた。

　被災した人々は、郊外の親類の家に避難したり、市内や周辺の救護所、お寺、工場、軍の施設、学校などに逃げた。「ただごとではない」、人々はこの爆弾の異様さに、大きな不安に包まれていった。

　国は陸海軍の調査団を広島派遣、専門家も動員して被災の状況を調べた。8月10日にはこの爆弾を「原子爆弾」と特定。同日、日本政府は、スイス政府を通して「米国政府を糾弾するとともに即刻かかる非人道兵器の使用を放棄することを要求する」という抗議文をアメリカ合衆国連邦政府に提出した。しかし、国民には「調査中」とだけしか伝えなかった。

　広島を襲った新型爆弾の正体が原爆であると確認した軍部は、緘口令を諦めて報道統制を解除。11日から12日にかけて新聞各紙は広島に特派員を派遣し、原爆のことを読者に明かした上、被爆地の写真入りで被害状況を詳細に報道した。科学雑誌などで近未来の架空兵器と紹介されていた原爆が開発され、日本が戦略核攻撃を受けたことを国民はここに初めて

黒い雨の付着した雨戸を調べる調査員(撮影／林 重男、提供者／広島平和記念資料館)

住友銀行臨時救護本部(撮影／川原 四儀、提供者／広島平和記念資料館)

広島護国神社大鳥居前でミーティング中の調査団（撮影／林 重男、提供者／広島平和記念資料館）

知った。

　そして、広島に多くのカメラマンが入り、その惨状を記録した。しかし、戦後は、GHQ（連合国軍最高司令官総司令部）による厳しい報道規制が行われ、その記録はアメリカによる接収の憂き目にあった。写真・フィルムのアメリカからの返還は、1973年（昭和48年）5月になってからだった。

　原爆投下直後、軍部によって始められた調査は、終戦と共にその規模を一気に拡大する。全国の大学などから、1,300人を超す医師や科学者たちが集まった。2年以上かけた調査の結果は、181冊、1

段原山崎町、市立第一国民学校（撮影／尾糠 政美、提供者／広島平和記念資料館）

市立第一国民学校救護所（撮影／陸軍船舶司令部写真班、提供者／広島原爆被災撮影者の会）

万頁に及ぶ報告書にまとめられた。大半が、放射能によって被曝者の体にどのような症状が出るのかを調べた記録であった。調査はすべてアメリカのためだった。日本はそのすべてを英語に翻訳し、アメリカへと渡していた。

　調査した医師は証言する。「もういっさいだって、結果は日本で公表することももちろんダメだし、お互いに持ち寄って相談するということもできませんですから。とにかく自分たちで調べたら全部向こうに出す」。

　アメリカ中心の連合国による占領期に制限を受けていた**日本の原爆症研究は、1951年（昭和26年）の独立後ようやく進み始め、後障害に苦しむ多くの被曝者の姿が次第に明らかになっていった。**

4 原爆の後障害

　放射線障害は、被爆直後の急性障害だけでなく、その後も長期に渡って様々な障害を引き起こし、被曝者の健康を現在もなお脅かしている。これを「後障害」という。

　爆心地から2km以内で被爆した人は高度から中度の熱傷が生じたが、2km以遠で被爆した人は軽度の熱傷に留まり、治癒に要した期間も短かった。しかし、3、4ヶ月経つと、熱傷を受けて一旦平癒した部分に異変が生じ始めた。熱傷部の組織の自己修復が過剰に起こり、不規則に皮膚面が隆起し、いわゆるケロイドを生じた。ケロイドは外科手術により切除を試みても、しばしば再発した。ケロイドは、1946年（昭和21年）から翌年を頂点に現れ、痛みや痒みを伴い、周辺からの視線や思いや

脱毛と顔面の熱傷（撮影／木村 権一、提供者／広島平和記念資料館）

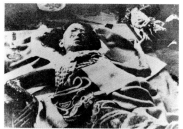

挺身隊として出動作業中に被爆した女生徒（撮影／陸軍船舶司令部写真班、提供者／広島原爆被災撮影者の会）

りのない言葉により、被曝者を傷つけた。

　被曝時、母親のお腹の中にいた胎児を死産する例もあったが、無事に生まれて来た赤ちゃんも、乳児期を過ぎても他の子供に比べると死亡率が高かった。中には、頭囲が著しく小さい、「小頭症」と呼ばれる病気を発症し、知的障害が伴う場合もあった。

　さらに被曝後5、6年が経過した1950年（昭和25年）頃から白血病患者が増加し、1955年（昭和30年）頃からは甲状腺ガン、乳ガン、肺ガンなど悪性腫瘍の発生率が高くなりはじめた。

　1950年代、白血病は治療法のない代表的な不治の病の一つであり、発症者の多くが命を落とした。広島平和記念公園にある原爆の子の像のモデルとなった佐々木禎子（1943～1955）は、2歳で被曝し12歳で白血病のために亡くなっている。小学6年生の秋の運動会ではチームを1位に導くほど元気な子だったという。

　放射線が年月を経て引き起こす影響については、未だ十分に解明されておらず、調査や研究が現在も続けられている。

5 被曝者への差別

　被曝者の手記を分析した結果によると、3人に1人が罪の意識、罪責的体験（自分だけが助かった、他者を助けられなかった、水を求めている人に応えてあげられなかったなど）を持っていることが判明している（一橋大の石田忠（1916～2011）による調査）。

　1995年（平成7年）1月17日の「阪神・淡路大震災」や2011年（平成23年）3月11日の「東日本大震災」に遭遇した生存者のなかにも、このような罪責感を抱える人が多く見られる。

　精神的影響はそれだけではない。前述した**GHQによる原爆報道統制が日本国民の間に「被曝者差別」を生み、被曝者はこれにも長く苦しむことになった。**すなわち原爆、放射能、放射線に関する情報不足により、日本国民の間に「被曝者差別」が生まれた。昭和20年代半ば、「被曝者は短命だ」といううわさが広がった。やがてそれは偏見に変わり、それがもとで結婚を反対された経験を持った人もいた。原爆のことを「ピカドン」ともいうが、転じて「ピカ」は被曝者を示す差別語ともなっていた。「ピカ（原爆）がうつる」と、被曝障害が伝染したり遺伝したりするものだといった誤った認識が昭和20～40年代あたりまでの日本全体の社会通念として存在し、新聞・雑誌などにおいても被曝者は重い火傷の跡から「奇異の対象」な

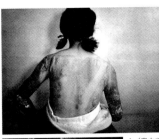

上／背中や両腕がケロイドになった女性（提供者／広島平和記念資料館）

下／左側面から熱線を受けた左足の熱傷（提供者／広島平和記念資料館）

どとして扱われることがあり、不当な偏見・差別は多くあった。これらは被曝者の生活に深刻な影響を与えた。

昭和30年代、例えば他の都道府県で就職の際、「広島出身」と申告すると「ピカを受けたのか」と尋ねられたり、被曝の事実を申告したら、就職出来ないことが多くあった。このため少なからず、被曝者は自身が被曝した事実を隠して暮らさざるを得なくなり、精神的に長く苦しめられることになる。

また、当時の広島には多くの日系アメリカ人が居住していた。彼らの中には、原爆の後障害に苦しみながら被曝者であることを隠さざるを得なかった人が少なくない。アメリカでは原爆投下を正当化する世論に加え、そもそも高額な医療保険の保険料がさらに引き上げられることを恐れたからだ。適切な治療を受けられずに亡くなった人もいる。

日本でも、コスト面を強く意識し、被曝者への援護施策に消極的な政治家や官僚もいるようである。

被曝したのは日本人だけではない。自ら志望して来日した方もいたろうが、日本に強制的に連れて来られた朝鮮の人々やアジアからの留学生なども被曝したという事実を忘れてはならない。

6 被曝者援護と原水爆禁止運動

前述のように、アメリカ中心の連合国による占領期に制限を受けていた日本の原爆症研究は、1951年（昭和26年）の独立後ようやく進み始め、後障害に苦しむ多くの被曝者の姿が次第に明らかになっていった。

原爆被曝から10年近く、病苦と貧困と差別に耐えてひっそりと生きていた被曝者が本格的な運動に立ち上がったのは、1954年（昭和29年）のビキニ水爆実験による第五福竜丸の被災をきっかけとした原水爆禁止運動の盛り上がりに勇気づけられたからであった。

また、この事件は，東西の冷戦が激化し核兵器開発競争が進展する国際情勢を背景に、「原水爆はごめんだ」という日本国民の素朴な感情を呼びさました。東京都杉並区の主婦の手でスタートした原水爆禁止署名運動はまたたくまに全国に広がり3,000万人を突破した。

そして、**1955年（昭和30年）8月6日、広島市で、第1回原水爆禁止世界大会が開かれた。アメリカ、オーストリア、中国、インドネシアなど11ヶ国50人の代表を含め5,000人が参加した。**大会では原水爆禁止を求める署名が、日本で3,238

万、世界で6億7,000万の署名が集まったと報告された。運動の中心組織として、原水爆禁止日本協議会（日本原水協）が9月に発足した。

　1956年8月10日、長崎で開かれた第2回原水爆禁止世界大会の中で被爆者の全国組織、日本原水爆被害者団体協議会（日本被団協）が結成された。その結成宣言「世界への挨拶」では、「かくて私たちは自らを救うとともに、私たちの体験を通して人類の危機を救おうという決意を誓い合ったのであります」と「原水爆の禁止」を強く訴え、国に対して「犠牲者に国家補償と健康管理制度」・「遺家族に生活保障」・「根治療法の研究」を要求した。「核兵器廃絶」と「原爆被害への国家補償」の要求は、このときに確立したものであった。また、日本被団協

に加盟せずに、被爆体験の継承や核廃絶活動に取り組む被爆者団体も誕生した。

　1963年（昭和38年）の第9回大会で原水協、原水爆禁止日本国民会議（原水禁）に分裂したが、1977年（昭和52年）8月、14年ぶりに統一世界大会が開かれ、以後毎年挙行されたが、1986年（（昭和61年））の再分裂以後、両者はそれぞれ別に大会を開いている。様々な問題での政治的対立が政党間・組合間であり、未だ続いている。

　しかし、**被爆者たちはひたむきに病いや生活の苦しさを訴えた。国の援護はあまりにも遅く、現実のものとなったのは、被爆してから13年後のことであった。**声を挙げ続けなければ、以下の施策は実現していかなかったであろう。

資料　援護政策の歴史

　現在の厚生労働省の「被爆者援護施策の歴史」によると（要約して掲載）、

　1957年（昭和32年）4月「原子爆弾被爆者の医療等に関する法律」（原爆医療法）施行により、旧長崎市及び広島市並びにその隣接区域を対象に被爆者健康手帳の交付（約20万人）、認定疾病に対する医療の給付を開始、全被爆者に対する無料の健康診断（年2回・定期）を開始。

　1960年（昭和35年）8月、特別被爆者制度創設して2km以内の被爆者

を特別被爆者とし、医療費の自己負担分を無料化、認定疾病被爆者の認定疾病以外の医療費の自己負担分を無料化。認定疾病被爆者に対して医療手当の支給を開始。

　1962年（昭和37年）4月、特別被爆者の範囲要件を拡大し、被爆地点が爆心から2km以内の直爆被爆者を、3km以内の直爆被爆者とした。

　1965年（昭和40年）4月、希望健康診断制度開始。定期健康診断以

外にも被爆者の希望する時期に健康診断（年2回）を実施。同年10月特別被爆者の範囲要件を拡大して、直爆被爆者のみから、投下後3日目までの入市被爆者も追加した。

1968年（昭和43年）9月、「原子爆弾被爆者に対する特別措置に関する法律」施行。認定疾病被爆者に対して、特別手当の支給開始。

健康管理手当創設。特別被爆者であって造血機能障害等一定の疾病（7種の障害分類）にかかっている者のうち、高齢者（65歳以上）、身体障害者、母子世帯の母である者に対して支給開始（認定期間は1年または3年）。

介護手当創設。特別被爆者であって要介護状態にある者が、介護のため支出した費用に対して手当を支給開始。

1969年（昭和44年）3月、葬祭料創設。特別被爆者が死亡した場合、葬祭料を支給。健康管理手当の支給対象を拡大して「水晶体混濁による視機能障害を伴う疾病」を支給対象疾患に追加。

1971（昭和46年）4月、健康管理手当の支給対象を拡大して、高齢者の年齢要件引き下げ、65歳以上を60歳以上とした。

1972年（昭和47年）5月、健康管理手当の支給対象を拡大して、高齢者の年齢要件引き下げ60歳以上から55歳以上とした。被爆地域の拡大をして、広島県安佐郡祇園町の4地域を追加。

1973年（昭和48年）8月、健康管理手当の支給対象を拡大して、年齢要件引き下げ、55歳以上から50歳以上とした。

1974年（昭和49年）10月、健康管理手当の支給対象を拡大して、年齢要件引き下げ50歳以上から45歳以上とした。対象疾患に呼吸器機能障害、運動機能障害を追加し、年齢要件、障害者要件、母子世帯要件を撤廃。

特別被爆者と一般被爆者の区分を廃止して、全被爆者の一般疾病の医療費の自己負担分を無料化。健康管理手当、介護手当等の支給対象（特別被爆者のみ）から全被爆者に拡大。

特別手当の支給対象を拡大して、認定疾病被爆者であって、認定に係る負傷または疾病の状態に該当しなくなった場合も特別手当を支給。

健康診断特例区域の創設として、被爆地域外の周辺地域にいた者にも無料健康診断の実施を開始（長崎県西彼杵郡長与村・時津村）。

1975年（昭和50年）10月、保健手当を創設して、爆心地から2km区域内で被爆した者に対して、疾病の発症を条件としない保健手当の支給を開始。

家族介護手当を創設して、重度の障害者については、介護に要する費用を払わずに介護を受けている場合にも介護手当の支給を開始。

1976年（昭和51年）9月、健康診断特例区域の拡大として、長崎の爆心地から6km周辺町村、広島の旧安佐郡

伴村、戸山村など 10 村の全域または一部を追加。

1978 年（昭和 53 年）5 月、健康管理手当の支給対象を拡大して、対象疾患に潰瘍を伴う消化器機能障害を追加。

1981 年（昭和 56 年）8 月、医療特別手当を創設（月額 98,000 円）して、認定疾病被爆者であって、認定に係る疾病の状態にある者に対し、従来支給されてきた特別手当と医療手当を統合。所得制限撤廃。

保健手当（増額分）を創設（月額 24,000 円）し、原爆の傷害作用の影響による身体上の影響のある者、または 70 歳以上の単身居宅生活者には通常より高額の保健手当を支給。

原子爆弾小頭症手当を創設（月額 33,600 円）し、小頭症患者に対して、小頭症手当を支給開始。

1988 年（昭和 63 年）5 月、全被爆者に対する無料のがん検診実施開始。

1991 年（平成 3 年）4 月、健康管理手当の受給期間を延長して、更新期限が 1 年の障害分類を 3 年とし、3 年の障害分類を 5 年とした。各種手当の所得制限緩和、各種手当の増額。

介護手当の大幅増額として、月額上限 40,500 円から中度は 63,000 円、重度は 94,500 円とした。

1995 年（平成 7 年）7 月、「原子爆弾被爆者に対する援護に関する法律」（被爆者援護法）施行。特別葬祭給付金を創設して、被爆者のうち、広島、長崎で被爆し、かつ葬祭料制度の対象となる前に死亡した遺族に対して、特別葬祭給付金を支給。特別手当、健康管理手当、保健手当、介護手当の支給のための所得制限撤廃。

2002 年（平成 14 年）4 月、健康診断特例区域の追加をして、長崎の爆心地から 12km 以内の区域を第二種特例区域として追加。

2003 年（平成 15 年）7 月、健康管理手当の受給期限を原則撤廃（永久的な支給制度とする）。例外として、鉄欠乏性貧血、潰瘍は 3 年、甲状腺機能亢進症、白内障は 5 年とした。

2008 年（平成 20 年）12 月、海外からの手帳交付申請を可能とした。

　原爆投下から 59 年後の 2003 年、64 年後の 2008 年にも施策が追加されており、必要な援護には相当の時間を要したのである。その後も、2009 年 12 月 1 日の衆議院本会議で、原爆症認定集団訴訟の原告に係る問題の解決のための基金に対する補助に関する法律（原爆症基金法）が可決、成立した。

第四章 戦後の核拡散

ビキニ環礁での米核実験

1 頻発する核実験

原爆の恐ろしさを認識しながらも、米国は核を保有し、核実験を続けた。日本に原爆が落とされてからわずか1年後に、ビキニ環礁での核実験（クロスロード作戦）が行われた。史上4番目と5番目の核爆発である。

1949年（昭和24年）にはソ連が初めての核実験をカザフスタンのセミパラチンスクで行った。これにより、アメリカの核開発計画が加速した。エニウェトクとビキニでは1958年（昭和33年）まで実験が続き、アメリカの、原爆より威力の大きい水爆の実験のほとんどはこれらの環礁で行われた。エニウェトク環礁では、1948年（昭和23年）から10年の間に43回の核実験が行われた。また、ビキニ環礁でも核実験が続けられ、都合67回に上った。

日本の遠洋マグロ漁船「**第五福竜丸**」は、1954年（昭和29年）3月1日、ビキニ環礁でアメリカ軍の水爆実験により発生した多量の放射性降下物（死の灰）を浴びた。船員23人が被曝し、半年後に1人が死亡した。「ブラボー」と名づけられた水爆の威力は広島型原爆の約1千倍。第五福竜丸の被害は、のちに「**ビキニ事件**」と呼ばれた。これらの水爆実験で放射性降下物を浴びた漁船は数百隻、被曝者は2万人を超えるとみられている。

1945年（昭和20年）から1984年（昭和59年）までに世界で行われた大気圏内での核実験は589回に及んだという。

第五福竜丸

実施したのは、アメリカ、ソ連、イギリス（初は 1952 年）、フランス（初は 1960 年）、中華人民共和国（初は 1964 年）、インド（初は 1974 年）である。大気圏核実験では大量の人工放射性核種が環境中に放出された。これらは気流に運ばれて全世界を取り巻き、大気圏から地球表面に向けて徐々に降下してきた。このような放射性降下物を「フォールアウト」と呼ぶ。

その後、地下核実験をパキスタン（1998 年）と朝鮮民主主義人民共和国（北朝鮮）（2006 年）が行い、核保有国に加わった。

2 キューバ危機

1962 年（昭和 37 年）10 月 22 日、米政府はソ連がキューバに中距離ミサイル基地を建設中と発表した。さらに、米国はキューバ海上封鎖措置を発表した。

ジョン・フィッツジェラルド・ケネディ（John Fitzgerald Kennedy、1917 ~ 1963）**米大統領は軍の主張する空爆案を退け、ソ連にミサイル撤去を要求して、23 日、海上封鎖を行った。**まさに、米ソ冷戦の時代

であった。

10 月 28 日、ソ連のニキータ・セルゲーエヴィチ・フルシチョフ（1894 ~ 1971）首相はモスクワ放送でミサイル撤去の決定を発表し、同時にアメリカでもラジオで放送された。フルシチョフは、アメリカがキューバに侵攻しないことと引き換えにキューバのミサイルを撤去することに同意したのであった。一方ケネディは、非公式にはトルコの米ミサイルの撤去を約束するなど外交を巧みに組みあわせて撤去を勝ち取ったといわれる。

10 月 16 日キューバのミサイル基地の写真がホワイトハウスに届けられてから決着に至る 13 日間は、一歩間違えば全面核戦争に突入する緊張の連続だった。

この危機を教訓として、2 つの国の政府首脳間を結ぶ緊急連絡用の直通電話ホットラインがソ連とアメリカ間に初めて設置された。そして翌年 8 月 5 日に部分的核実験禁止条約（PTBT）が締結されて、やがて危機管理の方法の確立から核不拡散などの共通の利害を共有する、一連のデタント（緊張緩和）の流れを形成していっ

フルシチョフ（左）とケネディ（1961年、ウィーン）

た。

しかし、ケネディ大統領は在任中の1963年（昭和38年）11月22日、テキサス州ダラスで暗殺された。

2020年（令和2年）4月と5月のNHK未解決事件スペシャルで、新たなスクープをもとに、ケネディ暗殺に係るドキュメンタリーと実録ドラマ「海外特別編」が放映された。世界中が真相追求を続ける中、2017年（平成29年）、数万点の機密資料が公開された。トランプ大統領は、残るファイル「ケネディファイル」の公開も明言したが、なぜか撤回。「国家安全保障上の懸念」が理由とされた。NHKは、CIA（アメリカ中央情報局）の元調査員や米軍関係者、ケネディの甥、映画監督のオリバー・ストーンら66人のチームと共同で、機密文書の一部や非公開ファイルを入手し分析した。

その結果、浮かび上がった暗殺の首謀者は、大統領直轄機関のCIAの一部高官であったとし、事件は冷戦時代が生んだ、愛国・正義を標榜する、妄信的な国家の組織員の謀略による可能性を示した。

実際、米国の強硬派は「ケネディはキューバ上陸作戦、空爆作戦を拒否し、封鎖だけを命じた」、「戦争が起こり、もし米国民が一千万人死ぬとしても覚悟だ」などと不満をつのらせていたという。

NHKの放映以外でも、「ケネディが進めようとする南ベトナムのアメリカ軍事顧問団の縮小計画と、その後に予想された軍事顧問団の完全撤収が『軍産複合体の利益を損ねる』と恐れた政府の中の一部勢力（事実上の影の政府機関）が、

CIAなどの諜報機関の有力者に様々なお膳立てをさせた上で大統領暗殺の犯行に及んだ」とするものや、オズワルド単独犯説も今もってある。

3 核兵器を制限する動き

□部分的核実験禁止条約（PTBT）は、1963年（昭和38年）8月5日、アメリカ・イギリス・ソ連（今のロシア）の三国によって締結された。

大気圏内外と水中の核実験は禁止されたが、地下実験は容認された。フォールアウトの量は大気圏核実験が禁止された年が最も高く、それ以降減少傾向を示している。

□核不拡散条約（NPT）は、1968年（昭和43年）7月1日に賛同国が署名、1970年3月5日に発効された。この条約の適用上の「核兵器国」とは、1967年（昭和42年）1月1日以前に核兵器その他核爆発装置を製造し且つ爆発させた国とされ、アメリカ合衆国・中華人民共和国・イギリス・フランス・ソ連（今のロシア）とされた。それ以外の国に核兵器の製造や取得を禁じる（不拡散）、核軍縮交渉に誠実に取り組む、原子力の平和利用を認めることを3本柱とする。191ヶ国・地域が締約。

1995年（平成7年）には、その有効期間が無期限に延長されている。核保有国のインド、パキスタン、事実上の保有国のイスラエルは非締約。朝鮮民主主義人民共和国（北朝鮮）は1993年（平成5年）に脱退し、2003年（平成15年）に再度脱退を宣言している。

中距離核戦力全廃条約に調印するロナルド・レーガン米大統領
（右）とミハイル・ゴルバチョフソ連書記長

□**中距離核戦力（INF）全廃条約**は、射程500～5,500キロの中距離核戦力を全面的に禁止する条約としてアメリカとソ連（今のロシア）の間に1987年12月8日に調印された。**核兵器の削減を決めた初めての条約で、これにより地上配備の中距離核ミサイルが欧州から撤去され、世界全域でのINFの生産・実験・保有を将来にわたって禁止している。**

しかし、2018年10月、トランプ米国大統領がINF全廃条約を破棄する方針を表明。2019（令和元年）年2月1日、ロシアに対し条約破棄を通告し、これを受けてロシアも条約義務履行の停止を宣言した。

□**戦略兵器削減条約（START）**の第一次のステージであるSTART1は、1991年（平成3年）7月31日に調印され1994年（平成6年）12月発効した。**戦略核弾頭数を旧ソ連側が6,500発（調**

印前は1万900発）、米国が8,600発（同1万3,000発）に削減する内容。ソ連の崩壊で、旧ソ連の核を引き継いだロシア、ウクライナ、ベラルーシ、カザフスタンと米国との計五ヶ国の条約に改められた。

第二次START2は1993年（平成5年）1月、米ロ間で調印され、2003年（平成15年）までに戦略核弾頭数の上限を3,000～3,500発に削減するなどとしたが、議会の批准などが出来ず瓦解した。

□**包括的核実験禁止条約（CTBT）**は、1996年（平成8年）9月10日に国連総会で採択された。1963年（昭和38年）発効の**部分的核実験禁止条約（PTBT）で対象外だった地下実験も含め、あらゆる核実験を禁じている。**署名国は181ヶ国で、日本など148ヶ国が批准した。

2019年（令和元年）2月現在で184ヶ国が署名、168ヶ国が批准しているが、**発効要件国（核兵器保有国を含む44ヶ国）の批准が完了していないため未発効である。**発効要件国のうち、アメリカ合衆国は批准せず、イスラエル、イラン、エジプト、中華人民共和国の5ヶ国が署名のみで批准せず、インド、パキスタン、朝鮮民主主義人民共和国（北朝鮮）の3ヶ国は署名していない。

□**モスクワ条約（正式名称は「アメリカ合衆国とロシア連邦との間の戦略的攻撃能力の削減に関する条約」）**は、2002年（平成14年）5月24日に、ロシアとアメリカ合衆国間で結ばれた核軍縮条約。

両国の戦略核弾頭の配備数を2012年（平成24年）までに1,700～2,200発

第一次戦略兵器削減条約 START I 調印式に臨むブッシュ米大統領
（右）とゴルバチョフソ連大統領

まで削減することを定めたものであったが、2010年（平成22年）、最新のNew STARTが締結され、終了。

□**新戦略兵器削減条約（New START）**は、2011年（平成23年）2月5日にアメリカ合衆国とロシア連邦の間で発効した核兵器の軍縮条約。チェコの首都プラハで2009年4月5日、オバマ米大統領が「核なき世界」を目標に掲げた演説（プラハ演説）を行い、「核兵器を使ったことのある唯一の核保有国として、行動する道義的責任がある」と米国が先頭に立ち、核兵器のない世界の平和と安全を追求する決意を述べ、目標に向けた道筋を示した。オバマはその年10月9日のノーベル平和賞を受賞。2010年4月8日、米大統領オバマとロシア連邦大統領ドミートリー・メドヴェージェフ（1965～）は、**戦略核弾頭の配備数を1550に制限する新戦略兵器削減条約（新START）の調印式を**プラハで執り行った。

　当条約は2021年（令和3年）を期限としており、双方が合意すれば最長5年間延長される。

□**核不拡散条約（NPT）再検討会議**は、核軍縮・不拡散の進展を確認するため、5年に1度開催。191ヶ国・地域が参加した2015年（平成27年）4月27日～5月22日の会議では、中東非核地帯構想をめぐり加盟国が対立、アメリカ、イギリス、カナダが最終文書案に反対して採択できなかった。アメリカは、事実上の同盟国であるイスラエルに配慮したとみられる。**NPT再検討会議2020は、新型コ**ロナウイルスの世界的な感染拡大を受け延期となった。

□**イランの核疑惑**をめぐり協議を続けてきた米英独仏中ロ6ヶ国（P5プラス1）とイランは、2015年（平成27年）7月14日、13年がかりで最終合意に達した。核開発の制限の見返りとしてイランに対する経済制裁を解除する内容で、イランは10年以上にわたり核開発を大幅に制限し、軍事施設への査察も条件付きで受け入れる。核不拡散条約（NPT）体制のもと、外交交渉で新たな核兵器保有国ができるのを防ぐ歴史的合意となった。

　しかし、イランと長年対立するイスラエルの首相は「歴史的過ち」だと非難した。2018年（平成30年）5月8日、イスラエルの意を汲んだ**ドナルド・ジョン・トランプ**（Donald John Trump、1946～）**米大統領は、オバマ前政権が締結したイランとの核合意から離脱すると発表した。**

□**核兵器禁止条約**は、2017年（平成29年）7月7日、122ヶ国の賛成多数でニューヨークの国連本部で採択された。国連加盟193ヶ国中、124ヶ国が投票に参加し、**核兵器禁止条約に「ヒバクシャ」（HIBAKUSHA）という言葉が記され、核被害者の権利が明記された。**

　（第八章で詳述する）。

第五章 核の平和利用と核事故

今、世界には広島に落とされた原爆100万発分以上の核兵器があるといわれる。

もし核戦争が始まれば、直接攻撃を受けた国では、数千万～数億人の命が奪われると推測される。現在、世界が保有している最大推定約2万メガトンの核兵器が全て爆発すれば、全世界の生存者は、約10%程になるとの説もある。たとえ核シェルターの中で生き残ったとしても、もはや美しい地球は死の星と化し、大気も水も食物も汚染され、残留放射性物質のために外にも出られない。ウラン238などは、残留放射性物質が半減するのに44億6800万年もかかる。さらに「核の冬」といわれる異常気象が続く。生き残った人々の生活は死以上に苦しいものとなるであろう。

1 「核の平和利用（Atoms For Peace)

□新たな動き

核兵器に対する恐怖から、核の平和利用を進めようとする動きが出てくる。

1953年(昭和28年)12月8日、ニューヨーク国連本部で開催された原子力の平和利用に関する国連総会で、ドワイト・デビッド・"アイク"・アイゼンハワー（Dwight David "Ike" Eisenhower、1890～1969）米大統領は演説を行い、米国による核技術の独占を過去のものと認め、兵器や防衛システムに対する莫大な出費が、いかなる国家においても都市や国民の絶対的安全を保証できると考えてはならない。核爆弾の恐ろしい算術は、そうした簡単な解答を許してくれないとし、核兵器を兵士たちの手から取り上げることだけでは十分とはいえない。そうした兵器は、核の軍事用の包装を剥ぎ取り、平和のために利用する術を知る人々に託さなければならない。主要関係国政府は、慎重な考慮に基づき、許容される範囲内で標準ウランならびに核分裂物質の各国の備蓄から、国際的な原子力機関に対してそれぞれ供出を行い、今後も供出を継続する。そうした国際機関は、国連の支援の下で設立されることが望ましいとし、原子力の平和利用を訴えた。

□国際原子力機関（IAEA）設立

1953年(昭和28年)のアイゼンハワー米国大統領による演説を直接の契機として、原子力の平和利用推進と軍事転用防止を目的として設立された国際機関。**核拡散防止のための査察を担うため「核の番人」と呼ばれる。**1954年(昭和29年)

ドワイト・デビッド・"アイク"・アイゼンハワー（Dwight David "Ike" Eisenhower、1890～1969）

に国連において IAEA 憲章草案のための協議が開始された。1956 年、IAEA 憲章採択会議において IAEA 憲章草案が採択され、1957 年（昭和 32 年）7 月 29 日、憲章は所要の批准数を得て発効し、IAEA は発足した。

2019 年（令和元年）2 月現在、加盟国は 171 ヶ国である。本部はウィーンで、トロントと東京の 2 ヶ所に地域事務所が、ニューヨークとジュネーブに連絡室がある。理事会は、毎年 6 月の理事会によって指定される 13 ヶ国（日本を含む G7 等の原子力先進国）及び総会で選出する 22 ヶ国の計 35 の理事国から構成される。朝鮮民主主義人民共和国（北朝鮮）は 1974 年（昭和 49 年）に加盟し、1994 年（平成 6 年）に脱退した。

□米印原子力協力協定

米国からインドに対し、民生用の原子炉や核燃料輸出を可能にする協定。両国が 2007 年 7 月に締結した。インドは原子力施設を民生用と軍事用に分け、民生用について、IAEA の査察を受けることを条件としている。2008 年（平成 20 年）8 月、国際原子力機関（IAEA）理事会は、インドとの間での保障措置協定を承認した。

2 核事故

アイゼンハワーの演説以降、世界各地で原子力発電など核の平和的利用が始まったが、核エネルギーの取り扱いには徹底した安全策が求められ、ひとたび事故を起こすと甚大な被害が発生することになる。

「ウラル核惨事」を引き起こした核分裂性物質貯蔵施設

(1) ウラルの核惨事

1957 年（昭和 32 年）9 月 29 日、ソビエト連邦ウラル地方チェリャビンスク州マヤーク核技術施設で発生した原子力事故（爆発事故）。国際的な事故評価尺度（INES）では、**レベル 6（大事故）**であったという。

この施設は、原子爆弾用プルトニウムを生産する原子炉 5 基と再処理施設を持つプラントであり、1948 年（昭和 23 年）から建設された。プラント周囲には技術者居住区として暗号名チェリヤビンスク 65 という秘密都市が建設されていた。これは 1986 年（昭和 61 年）のチェルノブイリ原子力発電所事故と 2011 年（平成 23 年）の福島第一原子力発電所事故のレベル 7（深刻な事故）に次いで歴史上 3 番目に重大な原子力事故にあたる。**事故はソ連の軍事施設で起こったため極秘であった。**

汚染範囲は長さ約 300 ㎞、幅約 50 ㎞に及び、住民 1 万人が緊急避難した。この施設はソ連が初の原爆を製造した 1949 年（昭和 24 年）にも、廃液のたれ流しで住民約 10 万人が移住させられる放射能汚染を起こしたという。

スリーマイル島原子力発電所

(2) スリーマイル島原発事故

　米国ペンシルベニア州都ハリスバーグ郊外のサスケハナ川のスリーマイル島と呼ばれる、周囲約3マイルの中州にある原子力発電所で、1979年（昭和54年）3月28日、2号機で給水ポンプが動かなくなり、人為ミスなどが重なって炉心溶融（メルトダウン）に至った。放射性物質を含む汚染水が建屋内に漏れた。周辺住民の大規模避難が行われたが、運転員による給水回復措置が取られ、事故は終息した。米原子力規制委員会（NRC）などによると、住民への明確な健康影響はなかったとされる。原子炉冷却材喪失事故（Loss of Coolant Accident, LOCA）に分類され、想定された事故の規模を上回る過酷事故で、**国際的な事故評価尺度（INES）では、レベル5。**

(3) チェルノブイリ原発事故

　ソ連時代のウクライナ共和国で1986年（昭和61年）4月26日に起きた原発事故。事故当時、チェルノブイリ原子力発電所では4つの原子炉が稼働中で、さらに2つが建設中だった。事故を起こしたのは、試験運転中の4号炉で、爆発とともに火災が発生した。西側諸国が異常に気付いたのは、事故発生から2日が経過したあとだった。4月28日の朝、スウェーデンのフォルスマルク原子力発電所で、職員の靴から高線量の放射性物質が検出されたことが発覚のきっかけとなった。**発生から10日間で福島第一原発事故の約6倍の520京ベクレル（ベクレルの1兆倍のさらに1万倍）の放射性物質を放出したという。**放射性物質は風に乗って北半球の全域に拡散した。発電所に近いプリピャチから住民の避難が始まったのは、事故発生から36時間が過ぎた27日の昼であった。

　それまで住民には事故についての正確な情報が与えられず、約5万人の人々が、放射能汚染の事実を知らぬまま通常の生活を送っていた。それから1週間後の5月2日には、原発から30キロ圏内にあるプリピャチ以外の地域でも避難が開始され、2週間以内に住民11万6千人が避難したと発表された。6月に始まった、4号炉をコンクリートの壁で覆った「石棺」は、兵士ら60万人が動員され、わずか半年で造られた。1991年（平成3年）のソ連崩壊以後は、当原子力発電所が領土内に立地しているウクライナに処理義務

チェルノブイリ原子力発電所発電施設（2007年）

がある。

2018 年現在もなお、原発から半径 30 キロ以内の地域での居住が禁止されるとともに、原発から北東へ向かって約 350 キロの範囲内にはホットスポットと呼ばれる局地的な高濃度汚染地域が約 100 ヶ所に点在する。**国際原子力事象評価尺度（INES）では深刻な事故を示すレベル 7 に分類された。**

（4）福島第一原子力発電所事故

2011 年（平成 23 年）3 月 11 日、**日本観測史上最大であるマグニチュード 9.0 の東北地方太平洋沖地震に伴う津波により、東京電力の福島第一原子力発電所で炉心溶融（メルトダウン）など一連の放射性物質の放出を伴った原子力事故が発生した。この事故は、日本をそして世界を震撼させた。国際原子力事象評価尺度（INES）において最悪のレベル 7（深刻な事故）に分類される。**2015 年（平成 27 年）3 月現在、炉内燃料のほぼ全量が溶解している。

2019 年（令和元年）2 月 13 日、東京電力は、福島第一原発 2 号機で、ロボットを使って溶け落ちた核燃料（デブリ）とみられる堆積物の硬さなどを確認する調査を行った。炉心溶融（メルトダウン）を起こした 1 〜 3 号機でのデブリの接触調査は初めて。調査結果を取り出し作業の計画の検討に役立てる方針で、サンプルの採取は 2020 年度の後半に計画している。本格的な取り出し作業は 2022 年から始める予定という。

1 メルトダウン（炉心溶融）

発電所は、地震の発生時、運転を止めたが、津波によりすべての電源を失って原子炉を冷やすことができなくなり、燃料が溶融し、放射性物質を発電所内に閉じ込めることができなかった。

事故後、『国会事故調』『政府事故調』『民間事故調』『東電事故調』と 4 つもの事故調査委員会が設置され、それぞれ報告書を出したが、『事故原因の究明』について見解が分かれた。政府、民間、東電事故調は、事故の直接的原因を、「津波により全電源を喪失し原子炉を冷却する機能が失われたこと」とした一方、国会事故調は、「非常用交流電源喪失は、津波によるものではない可能性がある」とした。

これについて、原子力規制委員会は見解を中間報告書にまとめ、「非常用交流電源が機能喪失した原因は、津波による浸水であると考えられる」としている。しかし、「津波が来る前から、福島第一原発は危機的状況に陥っていた」という証言も出た。

環境省の発表資料では、「地震当時、運転中であった東京電力福島第一原子力発電所の 1 〜 3 号機は、地震とその後の津波により、その全てで交流電源が喪失し、冷却システムが停止したことから、原子炉が冷却できなくなり、最終的に燃料の溶融に至りました。燃料の溶融の過程で、大量の水素ガスが発生し、原子炉建屋内にその水素ガスが滞留した 1 号機、3 号機では、12 日（1 号機）と 14 日（3 号機）に水素爆発が起こりました。また、3 号機に隣接する 4 号機でも 3 号機から流れ込

んだとみられる水素ガスにより水素爆発が発生しました」とある。

2 住人の避難

> 平成23年3月11日19時03分、原子力緊急事態宣言発令（福島第一）、20時50分、県が半径2km圏内に避難指示（福島第一）、21時23分、国が半径3km圏内に避難指示、国が半径10km圏内に屋内退避指示（福島第一）。
>
> 3月12日5時44分、国が半径10km圏内に避難指示（福島第一）、7時45分、原子力緊急事態宣言発令、国が半径3km圏内に避難指示、国が半径10km圏内に屋内退避指示（福島第二）。17時39分、国が半径10km圏内に避難指示（福島第二）、18時25分、国が半径20km圏内に避難指示（福島第一）。
>
> 3月15日11時00分、国が20〜30km圏内に屋内退避指示（福島第一）。

　原発事故が起きてからおよそ1ヶ月後、避難指示が出された範囲は福島県内の11市町村にまたがる1,150㎢にまで広がった。福島県全体の面積は1万3,783㎢なので、8%余りに相当する範囲であった。

　政府は、福島第一原発から半径20km圏内を警戒区域、20km以遠の放射線量の高い地域を「計画的避難区域」として避難対象地域に指定し、10万人以上の住民が避難した。

　2012年（平成24年）4月以降、放射線量に応じて避難指示解除準備区域（年間積算線量が20ミリシーベルト以下

になることが確実と確認された区域）・居住制限区域（年間積算線量が20ミリシーベルトを超えるおそれがあって、引き続き避難の継続が求められる地域）・帰還困難区域（年間積算量が50ミリシーベルトを超えて、5年間たっても年間積算線量が20ミリシーベルトを下回らないおそれがある区域）に再編され、帰還困難区域では立ち入りが原則禁止された。

　2014年（平成26年）4月以降、一部地域で徐々に避難指示が解除され、避難指示解除準備区域・居住制限区域では2020年（令和2年）3月に全て解除されたが、帰還困難区域では一部地区を除き避難指示が続いている。避難指示区

避難指示区域の概念図（2020）

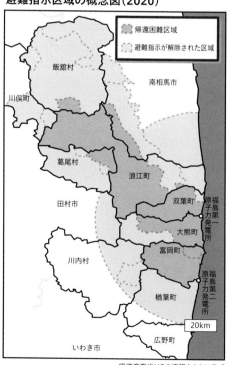

経済産業省HPの情報をもとに作成

域の面積は 337 ㎢と最も広かった時期の 30％程度にまでなったものの、その面積はやはり広大で、東京 23 区の面積の半分以上に相当する。

政府はこの帰還困難区域の中に、除染やインフラ整備を進めて住民が戻れるようにする「特定復興再生拠点区域」を設定。双葉町、大熊町、富岡町、浪江町、葛尾村、飯舘村の六つの町と村では、この区域について 2022 年から 2023 年までに避難指示を解除することを目指している。

地震・津波により被災された人、原発事故に伴う避難区域の設定により避難を余儀なくされた人など、未だ多くの人々が県内外で避難生活を続けている。ピーク時の、2012 年（平成 24 年）5 月で 164,865 人、2020 年（令和 2 年）3 月では 30,730 人とされる。

3 冷温停止状態の達成

事故直後は、非常に高温となった原子炉内を冷やすため、消防車による注水が行われた。

その後、汚染水から放射性物質などを除去して注水に再利用する循環注水冷却システムがつくられた。

2011 年（平成 23 年）12 月 16 日、原子炉圧力容器の底部の温度がおおむね 100℃以下になり、環境への放射性物質の放出が大幅に抑えられたことから、政府は「冷温停止状態に達した」と判断し、原子炉の冷温停止を宣言した。

だが、佐藤雄平福島県知事（当時）は、事故は収束していないとして反発した。

4 ALPS の運転

2012 年（平成 24 年）10 月、トリチウム以外の 62 核種の放射性物質を汚染水から除去できる多核種除去装置・ALPS（アルプス・Advanced Liquid Processing System）を東芝が完成させた。

2013 年（平成 25 年）3 月 25 日、原子力規制委員会が、評価に基づき試運転の実施に向けた原子炉施設保安規定の変更を認可、東京電力は試運転（ホット試験）を月内にも開始すると発表した。

地層注入、海洋放出、コンクリート固化して地下埋設、水蒸気にして大気放出、水素にして大気放出などが検討された、除去できないトリチウム入り汚染水については、タンクに保管して希釈した上で海洋に放出する予定であるが、漁業者の反対が多く放出時期の目処は立っていない。

5 廃炉への取り組み

福島第一原子力発電所では、溶けて固まった燃料を取り出し、原子炉建屋の内部の配管や容器などを解体・撤去する「廃止措置」へ向けた作業が進められており、この作業が完了するまでの期間は、30 〜 40 年と見込まれている。

第六章 日本における原子力の平和利用

1955年（昭和30年）1月11日、アメリカは、濃縮ウランの供与など対日原子力研究援助の意志を表示した。同年11月12日、工業技術院地質調査所が、**鳥取・岡山県境の人形峠で、日本で初めてのウラン鉱床を発見**。11月14日、アメリカから日本へ濃縮ウランを貸与するための日米原子力研究協定がワシントンD.C.で調印され、同年12月27日発効した。

同年12月19日、原子力三法（原子力基本法、原子力委員会設置法、総理府設置法一部改正一原子力局の設置）が公布され、**1956年1月1日、原子力委員会が発足する**。同年8月2日、日本原子力研究所により、初の原子炉（原研 JRR-1）が着工された。

当時の先端技術であった原発を、民間企業のみで開設することは難しかったことから、1957年（昭和32年）11月1日、国も協力して「日本原子力発電株式会社（日本原電）」が設立された。そして**日本で初めてとなる商業用原発として、日本原電の東海発電所が、茨城県那珂郡東海村に建設され**、1966年（昭和41年）7月25日営業運転を開始した。これはイギリスから導入された「黒鉛減速ガス冷却炉」と呼ばれる方式で、核分裂によって放出される中性子の速度を、黒鉛によって下げる仕組みだった。

この運転開始により、原発先進国から日本への技術移転が始まり、徐々に国産の原発が開発されていくこととなる。

その後、世界では、現在の主流である「軽水炉」の建設が盛んになる。「軽水炉」とは、中性子を、普通の水（専門用語で「軽水」と呼ばれる）によって減速する方式である。

1970年（昭和45年）3月14日、日本原電2番目の商用発電所である敦賀発電所が、同年11月28日には、電力会社関西電力の美浜発電所が営業を始め、福井県にある両発電所で2基の軽水炉が運転を開始した。一つは、敦賀発電所の「敦賀発電所1号機」で、これが日本で初めての「沸騰水型軽水炉（BWR）」である。もう一つは、美浜発電所の「美浜発電所1号機」で、「加圧水型軽水炉（PWR）」であった。

1970年は、大阪で日本万国博覧会が開催された年でもあり、高度成長期の真っ只中にあった日本では、未来を担うさまざまな先端技術への期待が高まっていた。こうした世の中の流れの中で、「原子力は発電に利用することのできるエネルギーである」という認識が、日本にも広まっていった。

そんな中、1973年（昭和48年）10月16日からはじまる第4次中東戦争で、アラブ産油国が石油輸出を停止したため、**第一次オイルショック（石油危機）**が起こる。日本は、1974年（昭和49年）に－1.2%という戦後初めてのマイナス成長を経験し、高度経済成長がここに終焉を迎えた。

さらに、1979年（昭和54年）には、

女川原子力発電所(宮城県)【提供者：原子力資料情報室】

柏崎刈羽原子力発電所(新潟県)【提供者：原子力資料情報室】

イラン革命によって**第二次オイルショック**が起こり、世界各国は石油資源に依存しすぎることのリスクを考え始めた。日本でもオイルショックによる混乱（燃料高騰、省エネ推進、トイレットペーパー騒動など）は大きく、各国と同様に「**エネルギーの安定供給**」が**重要な課題として認識**され、さまざまな政策が実施された。

その解決策のひとつとして、**重油を莫大に使う石油火力発電所を見直し、エネルギー安全保障の観点から原発に注目が集まるようになった。**

1973年、当時首相を務めていた田中角栄（1918〜1993）は、国会で、「原子力を重大な決意をもって促進をいたしたい」と述べ、1974年（昭和49年）に

田中角栄（1918～1993）（『文藝春秋』32巻16号、文藝春秋新社、1954年10月）

は、**発電所の立地を確保するため、立地地域への交付金を定める法律が整備された**。電源三法と呼ばれる電源開発促進税法、特別会計に関する法律（旧電源開発促進対策特別会計法）、発電用施設周辺地域整備法である。電源三法による地方自治体への交付金は、「電源三法交付金」と呼ばれた。

　原発の導入が進んだ背景には、こうした政策の後押しによるものもあったが、ここに至るまでの間に原発に対する理解が日本社会の中で進んでいたこと、また電力需要が増大する中でのエネルギー供給の安定化という社会の強い要請もあった。

　世界的にも原発の導入が順調に進められ、本格的に利用されるようになっていたこの頃、いくつかの事故やトラブルが発生した。世界では、1979年（昭和54年）には米国のスリーマイル島で、1986年（昭和61年）にはソ連（現・ウクライナ）のチェルノブイリで原発事故が起こった。

　日本国内でも、原発に関連するトラブルが起こる。1995年（平成7年）12月8日、研究用として運営されていた福井県の高速増殖炉「もんじゅ」の二次冷却系配管で、ナトリウム漏洩事故が発生。「もんじゅ」は冷却材として液体金属ナトリウムを使用しており、このナトリウムが漏洩して、火災につながった。「もんじゅ」はこの事故で2010年まで運転を休止することとなり、2016年（平成28年）には廃炉が正式決定された。

　また1999年（平成11年）9月30日には、茨城県東海村の株式会社JCOのウラン加工工場で臨界事故が発生（東海村JCO核燃料加工施設臨界事故）。

　この事故は、日本で初めての臨界事故であり、ウランの核分裂反応である「臨界」状態が約20時間にわたって継続。東海村から住民に対する屋内退避の呼びかけの広報が始まった。さらに、当時の内閣総理大臣小渕恵三（1937～2000）に、事故の第一報が報告される。現地では事故現場から半径350m以内の住民約40世帯への避難要請、500m以内の住民への避難勧告、10km以内の住民10万世帯（約31万人）への屋内退避および換気装置停止の呼びかけ、現場周辺の県道、国道、常磐自動車道の閉鎖、JR東日本の常磐線水戸～日立間、水郡線水戸～常陸大子・常陸太田間の運転見合わせ、自衛隊への災害派遣要請といった措置がとられた。臨界に伴い発生した中性子線を至近距離で浴びた作業員3名中、2名が死亡、1名が重症となったほか、667名の被曝者を出した。この事故は、国際原子力事象評価尺度（INES）ではレベル4（事業所外への大きなリスクを伴わない）とされた。

このほかにも、INES レベル 3 以下の事故は、1978 年から 2013 年までに 8 回、その他の事故は 7 回を数えるという。

さらに、原発に関する点検データの不正が明らかになるなど、国民からの不信を招いた。

2003 年（平成 15 年）に策定されたエネルギー基本計画においても、「事業者は安全という品質の保証体制の確立に努め、国は安全規制を確実に行い、国民の信頼回復に努めることが必要」としており、事業者としても自主的な安全性向上に資する社内組織を立ち上げるなど、安全性の向上・信頼回復に努めた。

1997 年（平成 9 年）12 月 11 日、京都で開催された国連気候変動枠組み条約の締約国会議（COP3：Conference of Parties）において**「京都議定書（2005年発効）」**が採択されると、世界全体で、地球温暖化に対する問題意識が広まり始めた。京都議定書は、参加している先進国全体に対して「温室効果ガスを 2008年（平成 20 年）から 2012 年（平成 24 年）の間に、1990 年（平成 2 年）比で約 5%削減すること」に加えて、国ごとにも温室効果ガス排出量の削減目標を定めた。この取り決めにより、EU は 8%、アメリカ合衆国は 7%、日本は 6%の削減を約束した。アメリカは後に京都議定書体制を脱退した（批准しないことを明確にした）ため、この約束を破棄したが、**この削減目標は世界で初めてとなる取り決めであり、国際社会が協力して温暖化に取り組む一歩となった。**

温室効果ガスの排出源として大きな割合を占める発電分野についても、排出量を削減する機運が高まった。温室効果ガスを排出しないエネルギーとしての原発にも、注目が集まり、世界各国で原発の新設計画が増加することとなる。

日本でも、2010 年（平成 22 年）6月に策定された「第三次エネルギー基本計画」において、「2030 年に、原子力発電比率 50%超を目指す」と記載された。

こうした中、2011 年（平成 23 年）、東日本大震災にともなう東京電力・福島第一原発の事故が発生。深刻な被害をもたらすことになった。

政府は、震災前に描いてきたエネルギー戦略を白紙から見直すこととし、2014 年4 月 11 日「第四次エネルギー基本計画」を閣議決定し、その中で「原発依存度については、省エネルギー・再生可能エネルギーの導入や火力発電の高効率化などにより、可能な限り低減させる」と明記した。

あらゆる面で優れたエネルギー源はなく、資源の乏しい我が国にとって、電気料金のコスト、気候変動問題への対応、エネルギーの海外依存度などを考え、現実的かつバランスの取れたエネルギーミックスを実現することが必要とし、このような観点から、2030 年度の総発電電力量のうち、原発が占める比率を 22%〜 20%程度とする見通しが示された。

現在、日本では、福島第一原発の事故からの反省をもとに、「原発依存度を可能な限り低減すること」「安全を最優先した上で再稼動する」という二つの方針を

掲げた上で、原子力の利用にあたっている。

2014年（平成26年）8月に制定された「原子力損害賠償・廃炉等支援機構法」では、原発については、何よりも安全を最優先すること、その際、産業界が自主的かつ不断の安全追及を行う事業体制の確立を目指すこと、原子力の安全を支える高いレベルの原子力技術・人材の維持・発展をはかること、地域防災計画や避難計画を充実化することなど、様々な取り組みを行うとした。

エネルギー資源に乏しい日本においては、原子力は石炭火力等とともに重要なエネルギーのとして活用されてきた。安全性を最優先に掲げながら、政府の審議会である原子力小委員会では、いかにして原子力への信頼を獲得していくか、という観点からも議論を進め、今後も時代の要請に応じた、原子力の利用の最適なかたちを目指すとした。

さらに日本は、石炭火力を電力需要の増減に対応しやすい有力電源と位置付け、具体的な削減計画を示してこなかったが、2020年7月政府は、1990年代前半までに建設され、CO^2の排出量が多い旧式の非効率な石炭火力発電所、9割を2030年度までに休廃止するという方針を示した。日本のエネルギー政策は、転換点を迎えることとなるのだろうか。

電気事業連合会の WEB より、要約して掲載しました。

原子力産業界全体の安全性向上への取り組み

□経営トップによるリスクガバナンス強化

原子力事業者は、経営トップが強い決意のもと、自ら原子力のリスクと向き合って対処する「リスクガバナンス」を強化しています。

原子力産業界全体としては、頻度は少なくても万一発生すると甚大な被害が予測される事態のリスク評価（確率論的リスク評価：PRA）[1]の考え方や、「原子力リスク研究センター（NRRC）[2]」が保有する安全対策上の土台となる知見等の活用など、原子力発電所の安全性をより一層向上させるよう取り組んでいます。

□外部の視点も活用し安全性を追求

さらに、社内の原子力安全監視機能の充実を図ることはもとより、原子力安全推進協会（JANSI）によるピアレビュー（相互評価）[3]なども取り入れ、原子力発電所の実態を外部からの視点で評価してもらい、提言・勧告を積極的に取り入れていきます。

※１　原子炉施設などで発生するあらゆる事故を想定した上で、その発生頻度と発生時の影響を定量的に評価し、その積の大きさで「リスク」を比較することにより安全性の度合いを表現する方法。

※２　2014年（平成26年）10月にPRA手法およびリスクマネジメント手法の国際的な中核的研究拠点として設立。

※３　豊富な業務経験を持つ原子力の専門家らが、評価対象の原子力発電所を実際に訪問し、安全性や信頼性の確保に関する組織・管理体制などを評価するもの。評価に際しては、原子力発電所の現場を子細に見て回り問題点を探るなど入念な観察が行われ、所員との面談や議論も行われる。

第七章 反原発運動・脱原発運動

反原発運動は原子力発電に反対する運動であり、脱原発運動（原発施設の危険性の指摘とガバナンスの欠落や原発推進政策の問題点を指摘して脱原発政策を進める市民運動）も、基本的には同様のものである。核廃絶運動、原子力運動に含まれるが、廃絶の運動が核兵器の廃絶を中心として世界的にも長い歴史を持つ運動であるのに対して、原子力の平和利用である原子力発電への危機感は必ずしも広く共有されて来なかった。核廃絶論者の間にも原子力の平和利用について是認（ぜにん）する傾向が強かったからである。

広島、長崎を経験した唯一の被爆国である日本でも、原水爆禁止日本国民会議、原水爆禁止日本協議会といった有力な反核団体が、原発を是認もしくは容認してきた歴史がある。

原子力発電所に反対する運動は、1970年代、80年代の高木仁三郎（じんざぶろう）（1938～2000）らの先駆的な努力があるものの、当該の立地地域における住民の反対運動、訴訟運動など、そうした運動への支援活動にとどまらざるを得なかった。

しかし、2011年（平成23年）3月11日の福島第一原発事故によって、原子力の平和利用が放射性物質の大漏洩という取り返しのつかない惨事をもたらすことが現実に明らかとなり、ようやく核廃絶運動の枠組み自体が見直されはじめ、市民団体やNPOによる反原発・脱原発運動が市民レベルで活発化した。

福島県は、5ヶ月後の2011年（平成23年）8月、民間有識者を交えた検討会で「福島県復興ビジョン」を策定。「原子力に依存しない、安全・安心で持続的に発展可能な社会づくり」を目指すとし、「脱原発」と「再生可能エネルギーの推進」（県内で消費されるエネルギー分を再生可能エネルギーで100%賄う目標を打ち出し、全国有数の再生可能エネルギー地域を目指す）を盛り込んだ。

しかし、福島第一原発事故以降高まりを見せていた脱原発・反原発運動も、ドイツの緑の党のような国政レベルの政治的結集点をつくれず、2012年（平成24年）12月の衆議院選では原発問題は重要争点化されないまま、一貫して日本の原発政策を推進してきた自民党の政権（公明党連立）の復活を許すことになった。

欧州を中心とする脱原発への動きでは、まず1999年（平成11年）12月にスウェーデンが稼働中のバルセベック原発1号機を閉鎖し、2005年（平成17年）5月には残る1基も閉鎖した。2000年（平成12年）6月にはドイツ政府と電力会社が原発全廃に合意し、2003年11月に1基目を閉鎖、2005年5月には2基目を閉鎖した。ベルギーでも2003年1月に脱原発法が成立した。電力自由化で電気料金の低下が進み、原発が経済面から電力会社の重荷になってきたことに加えて、自然エネルギーや分散型エネルギー源の急速な普及や、緑の党の政権参加など政治的な構造変化も背景にある。

一方、世界全体を見ると、原子力ルネサンスと呼ばれる動きや中華人民共和国など原発推進姿勢の国もある。

2014年（平成26年）2月の東京都知事選で、反原発を掲げる元首相細川護熙が、福島第一原発事故以降同じく反原発を提唱する小泉純一郎元首相の応援を得て立候補、また反原発を主要な政策課題に掲げ、共産党・社会党などの支援を受ける宇都宮健児弁護士も立候補し、原発推進対反原発・脱原発の争点化が期待された。しかし市民運動団体による細川陣営と宇都宮陣営の統一の試みは成らず、反原発・脱原発の議論も活発化しないまま、自公推薦候補の元厚生労働大臣舛添要一（自身は〈脱原発〉と発言）が圧勝した。

反原発・脱原発運動にとっては、原発をめぐる議論が選挙で争点化することのない日本社会の現実が再びつきつけられることとなった。

ドイツをはじめ反原発・脱原発先進国の世論には、福島第一原発事故という巨大事故を経験しながら反原発運動が盛り上がらない日本社会を〈利益優先社会〉と批判的にとらえる見方が広まっている。こうした中2014年4月に細川・小泉両元首相は、脱原発のうねりを全国に作り出すとして、一般社団法人自然エネルギー推進会議を設立。今後の動向が注目されている。

CNIC「特定非営利活動法人（認定NPO）原子力資料情報室」が挙げる脱原発の「10の理由」を要約して掲載しました。

1. 放射能災害の危険性がある。

原子核の核分裂反応を利用して電気をつくる原子力発電所（原発）では、反応のコントロールに失敗するとチェルノブイリ原発で起きたような爆発事故が発生します。また原子炉を冷やすことに失敗すれば、福島原発で起きたようなメルトダウン事故も起きてしまいます。

これら原発の大事故は、寿命の長い放射能を大量に放出するため影響が長く続き、甚大な放射能災害をもたらします。このまま原発の運転を続ければ、地震や津波、人為的ミスなどさまざまな原因によって、またいつ、次の大事故が起きても不思議ではありません。

2. 放射性廃棄物という「負の遺産」を発生させる。

仮に大事故は防げたとしても、原発を動かしている限り、様々な放射能のゴミが大量に発生し続けます。それら放射性廃棄物の中には10万年以上隔離が必要なものも存在し、このままでは後世に委ねる「負の遺産」がますます増える一方です。未来の負担、子孫の負担を少しでも小さくすることを、私たちは真剣に考えなくてはいけません。

3. 核拡散の危険性がある。

原発も原爆も燃料は同じで、「ウラン」または「プルトニウム」です。原発の燃料である「低濃縮ウラン」をつくる作業を繰り返せば、原爆の燃料である「高濃縮ウラン」は容易に手に入ってしまいますし、また原発の使用済み燃料に含まれる「プルトニウム」は、再処理工場で取り出すことが可能です。したがって原子力発電を続ける限り、新たに「核兵器国になろう」とする国や、「高濃縮ウランやプルトニウムを奪って核爆弾をつくろう」とする集団が現れることを防げません。またこれらの動きを封じ込める名目で「核管理社会」化が進めば、人権が制限され、危険を知るための情報も隠されて、十分な備えのないままに原発事故が起きてしまう可能性も否めません。

4. 事故が無くても、労働者の被曝を伴う。

原発の中では、元請け―中請け―下請け―孫請け―ひ孫請けと何重にも差別された多くの労働者が働いています。そして被曝全体の95パーセント以上が、「電力会社の社員以外」の人たちの身体で起きています（平常運転時）。

原発だけでなく、ウランの鉱山や使用済み燃料の再処理工場においても、大勢の人たちが放射線を浴びながら働いています。労働者の被曝なくして、原発は動かないのです。

5. 関連施設にも、大きな危険や問題がある。

原子力発電では、ウラン鉱石を掘り出し燃料を製造する施設や、放射性廃棄物の後始末をする施設など、いわゆる核燃料サイクルの関連施設が数多く必要となります。

これらの施設も原発同様で、さまざまな事故の危険性を抱えており、労働者が被曝し、また放射能のゴミを大量に発生させています。

6. 地域の自立や平和を損なう。

原発の立地自治体では、電源三法交付金などにより財政が一時的に潤うため、これに依存することにより地域の経済的な自立が妨げられます。また、地域住民の間にそれまで存在しなかった「賛成」「反対」の対立を持ち込むことも、大変大きな問題です。

7. 常に情報の隠蔽や捏造などが、つきまとう。

原発をめぐる産・官・学の特定の関係者の間で「原子力ムラ」と呼ばれる風土が形成され、オープンな議論ができない環境が出来上がっています。

科学や技術の分野には批判的精神が不可欠ですが、研究費や人事を通してそれらが損なわれ、原子力の研究にかかわる大学や研究者には利益相反の疑いも生じています。

8. 省エネルギーに逆行する。

原子力自動車や原子力ストーブが存在しないように、原子力はほかのエネルギー源と違って、電気の形にしなくてはエネルギー利用ができません。しかも発電時のロスは極めて大きく、発生した熱の65パーセント以上が温排水として海に捨てられてしまいます。

また原発は、電力需要の変化に合わせて出力を変えられないため、出力調整用の発電所が必要となります。つまり原発を動かすために、火力、水力などの発電所が余分につくられてしまうのです。このように原子力はエネルギー源として大変無駄が多く、省エネルギーに逆行する存在なのです。

9. 実は、温暖化をすすめる。

上記で説明したように原発を増やせば、ほかの発電所も増えてしまいます。したがって原発が火力発電所よりもCO_2（二酸化炭素）を出さないとしても、原発のある社会では火力発電所も必要とするため、最終的にCO_2を減らすことは叶わず温暖化を止めることもできません。それどころか、CO_2の削減に最も効果的な「省エネルギー」に逆行する原発は、むしろ温暖化をすすめる存在です。

原発に膨大な予算が注ぎ込まれることで、私たちの社会は、より有効な温暖化対策に使うべきお金を失っているのです。

10. 実は、大停電を起こしやすい。

大きな地震などがあると、多くの原発が一斉に止まってしまうことがあります。そしていったん停止した原発は、再稼働するまでに多くの時間がかかります。また電力消費地から遠く離れた場所にしか建てられない原発には、長距離の送電が必要となります。そのため電圧や周波数の維持が困難になり、送電が止められてしまうこともあります。

このように原発は、安定的な電力供給どころか、大停電に繋がる要因を数多く抱えています。原発の占める割合が大きいほど、止まれば大停電になりかねません。

第八章 平和へのかすかな光

安倍晋三内閣総理大臣とバラク・オバマ米大統領が広島平和記念公園で握手

1 平和首長会議

　1982年（昭和57年）6月、荒木武広島市長（当時）は、米国ニューヨーク市での第2回国連軍縮特別総会において、世界の都市に、国境を越えて連帯し、共に核兵器廃絶への道を切り開こうと呼び掛けた。また、広島・長崎両市は、この呼び掛けに賛同する都市（自治体）で構成する機構として、世界平和連帯都市市長会議を設立した。加盟都市相互の緊密な連帯を通じて核兵器廃絶の市民意識を国際的な規模で喚起するとともに、人類の共存を脅かす飢餓・貧困等の諸問題の解消さらには難民問題、人権問題の解決及び環境保護のために努力し、もって世界恒久平和の実現に寄与することを目的とした。そして、1991年（平成3年）には、国連経済社会理事会のNGOに登録された。

　2001年（平成13年）8月、「世界平和連帯都市市長会議」から「平和市長会議」に、2013年（平成25年）8月に「平和首長会議」に名称変更した。

> 加盟国　164ヶ国・地域
> 加盟都市数　7,907
> 日本国内加盟都市数　1,733
> 2020年6月1日現在

2 オバマ米大統領の広島訪問

　原爆投下から71年もの歳月を経て、第44代アメリカ合衆国大統領バラク・オバマ（Barack Obama、1961～）が、伊勢志摩サミット出席後の2016年（平成28年）5月27日、安倍晋三（1954～）内閣総理大臣とともに、現職の大統領として初めて広島平和記念公園を訪問した。

　広島平和記念資料館を視察後、慰霊碑に献花し、「いつの日か、証言する被

曝者の声が私たちのもとに届かなくなるでしょう。しかし、1945年8月6日の朝の記憶を決して薄れさせてはなりません。その記憶があれば、私たちは現状肯定と戦えるのです。その記憶があれば、私たちの道徳的な想像力をかき立てるのです。その記憶があれば、変化できるのです」。「世界はこの広島によって一変しました。しかし今日、広島の子供達は平和な日々を生きています。なんと貴重なことでしょうか。この生活は、守る価値があります。それを全ての子供達に広げていく必要があります。この未来こそ、私たちが選択する未来です。未来において広島と長崎は、核戦争の夜明けではなく、私たちの道義的な目覚めの地として知られることでしょう」。

　スピーチを終えるとオバマは、被曝者で、日本で命を落とした連合国の捕虜の研究で知られる森重昭に自ら歩み寄り、言葉をかけ、涙ぐむ森をしっかりと抱きしめた。

　広島市民は「オバマへの手紙」という地元メディアのキャンペーンの中で、呼びかけを行っていた。

　「広島では、米兵も原爆犠牲者として追悼の対象になっています。彼らを含めた全犠牲者の追悼の意味でも、核廃絶への祈りを広島から発信してください」。

　森重昭著『原爆で死んだ米兵秘史』（光人社）によると、1945年（昭和20年）7月28日、広島・呉軍港への攻撃の途中、日本軍の高射砲によって2機の大型爆撃機B24「タロア号」と20機の艦載機が撃墜された。パラシュートでの脱出で生き残った乗員たちは、広島城内にある憲兵隊司令部など3ヶ所に分散留置され、取り調べを受けた。だが、8月6日に至近距離で原爆が炸裂。捕虜となっていた12名のうち10名が即死し、残り2名は2週間近く生存したが結局、死亡。その2名は憲兵隊によって広島の宇品で葬られ、墓標が建てられた。

3 核兵器禁止条約採択

　前述のとおり、2017年（平成29年）7月7日、核兵器禁止条約が122ヶ国の賛成多数によりニューヨークの国連本部で採択された。国連加盟193ヶ国中、124ヶ国が投票に参加した。

　条文には「ヒバクシャ」（HIBAKUSHA）という言葉が記され、核被害者の権利が

国連本部での核兵器禁止条約採択の瞬間（提供：ピースボート）

明記された。条約の採択後、カナダ在住の被曝者サーロー節子が「（核禁条約採択の）こんな瞬間が来るなんて考えたこともなかった」と述べた後、「前進し、世界を変えよう」と力強く演説し、場内から大きな拍手を浴びた。

核兵器の製造や保有、使用に加え、その援助や使用するとの威嚇も禁止。また、核実験被害者の支援や汚染された環境の改善措置、赤十字が条約の履行に向けて国際協力及び支援の分野で役割を担うことが明記された。法的拘束力を持つ核軍縮関連の条約としては、実に20年ぶりの交渉成立となり、**これまで国際法で明確に禁止されることのなかった唯一の大量破壊兵器である核兵器が違法であると認識され、「核兵器のない世界」へ歴史的な一歩を踏み出したのだ。**

条約の署名式は2017年（平成29年）9月20日、ニューヨークの国連本部で行われ、2019年（令和元年）12月現在、80ヶ国が署名し、34ヶ国が批准を済ませているが、アメリカ・ロシアなどの核保有国や日本を含む「核の傘」依存国は、背を向け、交渉に参加していない。

アメリカ・イギリス・フランスの代表団は共同声明を出し、3ヶ国が「条約の交渉に参加しておらず……これを署名することも、批准することも、これに加入することも意図していない」と述べ、「この取り組みが国際安全保障の現実を無視していることは明らかだ」としたうえで、「核兵器禁止条約への加入は、70年以上にわたってヨーロッパと北アジアの平和の維持に不可欠となっている核抑止という政策と相入れない」と述べている。

議長を務めた駐ジュネーブ軍縮大使（コスタリカ）のエレイン・ホワイト・ゴメスは、国連安全保障理事会で常任理事国を務める中華人民共和国、フランス、ロシア、イギリス、アメリカという5つの核保有国の核不拡散条約（NPT）加入は当初、考えられなかったことを指摘し、「世界が変われば、状況も変わるのです」と述べ、「**核兵器の被害を経験した被爆者が、核兵器禁止条約成立の原動力となった**」、そして、「**被曝者が共有している経験は"人間の魂に触れる"ものだ**」としたうえで、今回の交渉が「**"理性と感情の協働"によって進められた**」と付け加えた。

50ヶ国が批准した90日後に発効するが、批准しない国には効力が及ばない。2020年3月20日、新たにナミビアが批准書を国連事務総長に寄託し、36ヶ国となった。署名は81ヶ国である。

ICANに授与されたノーベル賞のメダルと賞状
（提供：ピースボート）

4 ICAN（核兵器廃絶国際キャンペーン）にノーベル平和賞

　ICANは、核戦争防止国際医師会議（IPPNW、1985年ノーベル平和賞受賞）を母体とし、2007年にオーストラリアで発足した。

　2011年（平成23年）にジュネーブに国際事務所を設置して以来、核兵器の非人道性を訴える諸国政府と協力して核兵器を国際法で禁止するキャンペーンを世界的に展開、メディアやネットを駆使して、国際会議へのNGO（非政府組織）の参加を促したり、核兵器禁止条約を求める国際世論を高めたりする活動を行ってきた。

　2017年（平成29年）10月現在、日本のピースボートなど101ヶ国に468のパートナー団体を持つ。現在はスイスのジュネーブとオーストラリアのメルボルンに事務所を置く。2017年「核兵器禁止条約」の成立に「革新的な努力」をしたとしてノーベル平和賞が授与された。

　ICANの執行部は、世界10団体からなる国際運営グループで、このグループが活動方針を決め、国際事務局を監督して世界中の取り組みを牽引する。

　同グループにはIPPNWや、婦人国際平和自由連盟、英アクロニム研究所、オランダのPAX（ユトレヒトに本部を置く同国有数のキリスト教系の平和団体）などのほか、日本からはピースボートが参加しており、ピースボートを代表して川崎哲が国際運営委員をつとめている。

　日本からの参加団体としてはピースボートのほか、ヒューマンライツ・ナウ、核戦争防止国際医師会議日本支部、核戦争に反対する医師の会、プロジェクト・ナウ、日本原水爆被害者団体協議会などがある。

ICAN運営メンバー（提供：ピースボート）

広島被爆写真と絵　その2

広島女学院高等女学校の全焼を見る(撮影／岸本
吉太、提供者／岸本 坦)

比治山から南西方向に全市を見おろす(撮影／川本 俊
雄、提供者／川本 祥雄)

修道中学校前、わずかに傾斜せる電柱(撮
影／岸本 吉太、提供者／岸本 坦)

中国新聞社新館屋上から北に向って
(撮影／林 重男、提供者／広島平和記念資料館)

金座街より北方(撮影／空 博行、提供者／広島平和記
念資料館)

塩屋町付近から広島瓦斯本社方向に向って(撮影／林
重男、提供者／広島平和記念資料館)

爆風で持ち上げられた相生橋の歩道
(撮影／川本 俊雄、提供者／川本 祥雄)

下中町の県立広島第一高等女学校(撮影／空 博
行、提供者／広島平和記念資料館)

広島県商工経済会(撮影／林 重男、提供者／広島
平和記念資料館)

キリンビヤホール(撮影／尾木 正己、提供者
／広島原爆被災撮影者の会)

きのこ雲(撮影／深田 敏夫、提供者／広島平和記念
資料館)

爆心地・島病院正面(撮影／林 重男、提供者／広島
平和記念資料館)

日本銀行広島支店の内部(撮影／米軍、提供者
／広島平和記念資料館)

負傷者を郊外に運ぶトラック（撮影／松重三男、提供者／広島原爆被災撮影者の会）

市立第一国民学校内の臨時救護所に収容された大やけどの子ども（撮影／尾糠政美、提供者／広島原爆被災撮影者の会）

西練兵場付近の被爆死体（撮影／佐伯敏／同盟通信社）、提供者／広島平和記念資料館）

島病院関係者への伝言板（撮影／林重男、提供者／広島平和記念資料館）

救護所となった本川国民学校内部（撮影／川本俊雄、提供者／アメリカ科学アカデミー）

猿楽町付近の被災者の遺骨（撮影／林重男、提供者／広島平和記念資料館）

広島赤十字病院（撮影／黒石勝、提供者／広島原爆被災撮影者の会）

廃墟の跡かたづけ（撮影／川本俊雄、提供者／川本祥雄）

被災を知らせる伝言板（撮影／林重男、提供者／広島平和記念資料館）

移転先を知らせる看板（撮影／尾木正巳、提供者／広島原爆被災撮影者の会）

爆心地・放射能測定（撮影／林重男、提供者／広島平和記念資料館）

下敷きになった娘をかべをやぶって助け出そうとする母（作者／香川千代江、所蔵者／広島平和記念資料館）

71

おわりに

　1986 年（昭和 61 年）4 月 26 日に発生した、ソ連（当時）のチェルノブイリ原子力発電所の事故や、2011 年（平成 23 年）3 月 11 日に起きた東北地方太平洋沖地震に伴う福島第一原子力発電所の事故は、改めて世界に放射性物質の恐ろしさを認識させた。

　しかし、日本では福島で緊急避難を余儀なくされた人々の、不安感、喪失感、家族離散等の苦しみは、国民全体で共有されているとは言い難い。その現実が余りに凄まじいため、なかなか未体験の人には実感できないのかもしれない。1995 年（平成 7 年）1 月 17 日の阪神・淡路大震災、2011 年（平成 23 年）3 月 11 日の東日本大震災、2016 年（平成 28 年）4 月 14 日の熊本地震、近年の日本各地で発生した水害等においても同様の感がある。

　電気が当たり前にある便利な生活に慣れた人々にとって、原子力発電をやめれば、日常生活や経済活動に支障が出るのではないかとの不安があるのかもしれない。資源の乏しい日本にとってエネルギー問題は、近代以来の大きな課題であり、戦後日本の指導者は原子力発電の導入を決めた。危険と隣り合わせの原発立地地域には、手厚い交付金が支給され、各地に発電所が建設されていった。

　その結果、原子力機関の巨大化が進み、日本の原子力行政は、あまりにも深く浸透した既得権構造の中、進む事も撤退する事もままならない事態に陥っているように見える。最近の関西電力の金品受領問題も、一般常識とはかけ離れた「原子カムラ」の不可解な出来事といえよう。

　政府は今、原子力発電の比率を抑えることを指針にするも、化石燃料の使用増大で、地球環境を危惧する内外の人たちの批判を浴びている。そして、効率の悪い火力発電を 2030 年までに休廃止する方針を示した。

　また、反原発・脱原発の声も少しずつ高まっている。思い切って、自然エネルギーの採用戦略に舵を切れないものだろうか。次の、そして未来の世代に向けて。そして、それには長い時間がかかることを覚悟して。

　核兵器廃絶の声は、これまでもずっと挙がっているが、核抑止、パワーバランス、無法者の国対策等の面から核兵器は必要であり、現実の政治を直視せよと主張する世界の為政者は少なくない。核兵器開発の疑惑は、世界各地にある。そして、今もなお、相変わらず地上のどこかで戦争は行われ、核兵器の行使による地球滅亡の危機は続いている。

　しかし、政治の現実主義、核抑止・核の傘を為政者が唱える限り、核兵器廃絶は進展することはないだろう。

日本の被曝者たちは、粘り強く声を挙げ続け、政府等に働きかけ、原爆を投下したアメリカを非難することまで止めて、オバマ米大統領を広島に招くことに成功した。日本は唯一の被爆国である。これは風化させてはいけない事実である。私達はこの原爆の恐ろしさを世界に伝え、後世に語り継いでいかなければならない。

比治山国民学校校庭（撮影／川本 俊雄、提供者／川本 祥雄）
比治山国民学校は、一時原爆孤児の収容所にあてられていたが、その時の記念写真と思われる

　長崎被曝の一人は、こう言った。

「次の世代が活動するための土壌を作ってあげないと。人間ってのは、つないでいくもんだから。私たち被曝一世は、二度の経験と記憶を生かさないといけない」。

　夢のような願いだが、アメリカ第一主義を唱え国際的調和に関心を示さない米大統領はもとより、憲法を変えてまで大統領が長期政権を目論むロシア、原発の長い歴史を持つイギリス、使用エネルギーの80％が原子力発電とされるフランス、膨張主義で海洋等へ進出し周辺国と摩擦を生む中国、カシミール地方の帰属問題や東パキスタン（現バングラデシュ）の独立・宗教問題等をめぐり争うインドとパキスタン、そして、アラブの国の原子炉を爆撃したイスラエル、核開発疑惑のイラン、非核化を棚上げし日本人らの拉致・ミサイル実験で物議を醸す北朝鮮など、核兵器の保有国や、保有しようとしている国の指導者たちにも、是非とも広島・長崎を訪れて欲しいものである。

　2019年（令和元年）11月、38年ぶりに来日し、被爆地広島・長崎を訪れたたローマ教皇は、メッセージの中で両地を「核兵器が人道的にも環境にも悲劇的な結末をもたらすことの証人だ」と表現した。また、「核兵器は国家の安全保障への脅威から私たちを守ってくれるものではない」と国際間にはびこる核抑止論も否定し、核兵器のない世界の実現に向け、個人や国際機関、核保有国などが一致団結するよう呼びかけた。

　さて、広島平和記念資料館の写真や映像、遺品類は、そして平和記念公園周辺にある原爆ドームや慰霊碑などのモニュメントは、あなたに何を語りかけるだろうか。

参考・関連図書一覧

『原爆の子―広島の少年少女のうったえ』：長田新、岩波書店（1951）

『私が原爆計画を指揮した―マンハッタン計画の内幕』：レズリー・グローヴス、恒文社（1964）

『原爆体験記』：広島市原爆体験記刊行会、朝日新聞社（1965）

『戦争中の暮しの記録』：暮しの手帖、暮しの手帖社（1969）

『東京大空襲―昭和20年3月10日の記録』：早乙女勝元、岩波書店（1971）

『広島原爆戦災誌』：広島市役所、広島市（1971）

『原水爆禁止運動』：今堀誠二、潮出版社（1974）

『原子核の世界－物質の究極を解明する－』：森田正人、講談社（1977）

『ヒロシマ読本』：小堺吉光、広島平和文化センター（1978）

『原子核物理学・微視的物理学入門－共立物理学講座21』：菊地健、共立出版（1979）

『広島・長崎の原爆災害』：広島市・長崎市原爆災害誌編集委員会、岩波書店（1979）

『広島・長崎で何が起こったのか』（岩波ブックレットNO.8）：飯島宗一、岩波書店（1982）

『原爆はこうしてつくられた』：レズリー・グローヅ人、恒文社（1982）

『風が吹くとき』：レイモンド・ブリックス、篠崎書林（1982）

『放射線データブック』：村上悠紀夫、他、地人書館（1982）

『はだしのゲン』：中沢啓治、汐文社（1983-1987）

『原水爆禁止運動の原点』：金子満広、新日本出版社（1984）

『ヒロシマは昔話か』（新潮文庫）：庄野直美、新潮社（1984）

『いま地球は -広島・長崎を考える旅』：ヒロシマ・ナガサキ平和基金、ヒロシマ・ナガサキ平和基金（1986）

『原爆裁判―核兵器廃絶と被爆者援護の法理』：松井康浩、新日本出版社（1986）

『からだのなかの放射能』：安斎育郎、合同出版（1987）

『暮らしの放射線学』：市川龍資、電力新報社（1988）

『原発・そこが知りたい』：安斎育郎、かもがわ出版（1989）

『放射線障害の防止に関する法令-概説と要点-』：(社)日本アイソトープ協会、丸善（1989）

『改訂版・やさしい放射線とアイソトープ』：(社)日本アイソトープ協会、丸善（1990）

『広島 – 原爆投下を決定した人々』：H.S.Truman、他、三修社（1991）

『放射線保健学』：(社)日本放射線技師会、マグブロス出版（1991）

『幻の声―NHK広島8月6日』：白井久夫、岩波書店（1992）

『爆心地ヒロシマに入る―カメラマンは何を見たか』：林重男、岩波書店（1992）

『新・放射線の人体への影響』：日本保健物理学会、他、丸善（1993）

『ラジオアイソトープ』（基礎原子力講座３）：原澤進、コロナ社（1993）

『学徒出陣』：わだつみ会、岩波書店（1993）

『放射線の応用-現状と今後の展望-』（原子力工業、Vol.39、N0.2）：日刊工業新聞社（1993）

『新版単位の小辞典』:海老原寛、講談社(1994)

『被爆者とともに』:原爆被害者相談員の会、中国新聞社(1995)

『X線回折・散乱技術』(物理工学実験15):菊田惺志、東京大学出版会(1996)

『ヒロシマの被爆建造物は語る』:被爆建造物調査研究会、広島平和記念資料館(1996)

『わかりやすい放射線物理学』:多田順一郎、オーム社(1997)

『理化学辞典』第5版:長倉三郎、他、岩波書店(1998)

『学徒出陣―戦争と青春』:蜷川寿恵、吉川弘文館(1998)

『広島・長崎修学旅行案内』(岩波ジュニア新書):松元寛、岩波書店(1998)

『放射線のやさしい知識』:飯田博美、他、オーム社(1999)

『「原子力」図面集』:(財)日本原子力文化振興財団(1999)

『昭和のくらし博物館』(らんぷの本):小泉和子、他、河出書房新社(2000)

『理科年表』:東京天文台、丸善(2000)

『放射線防護の基礎』第3版:辻本忠、他、日刊工業新聞社(2001)

『被爆の思想と運動―被爆者援護法のために』OD版:伊東壮、新評論(2003)

『人間魚雷「回天」―特攻隊員の肖像』:児玉辰春、高文研(2003)

『広島原爆―8時15分投下の意味　付昭和の戦争の記述と記念』:諏訪澄、原書房(2003)

『原爆体験の思想化』:石田忠、一橋大学〈原爆と人間〉研究会(2004)

『資料が語る戦時下の暮らし―太平洋戦争下の日本:昭和16年~20年』:羽島知之、麻布プロデュース(2004)

『昭和史 1926-1945』:半藤一利、平凡社(2004)

『被爆者―60年目のことば』:会田法行、ポプラ社(2005)

『図説　太平洋戦争』:太平洋戦争研究会、河出書房新社(2005)

『原爆体験:六七四四人・死と生の証言』:濱谷正晴、岩波書店(2005)

『岩波講座アジア・太平洋戦争』:倉沢愛子、他編集委員、岩波書店(2005-15)

『放射線と放射能』:安斎育郎、ナツメ社(2007)

『いつまでも、いつまでもお元気で―特攻隊員たちが遺した最後の言葉』:知覧特攻平和会館、草思社(2007)

『図録　原爆の絵～ヒロシマを伝える～』:広島平和記念資料館、岩波書店(2007)

『アジア・太平洋戦争』(戦争の日本史23):吉田裕、他、吉川弘文館(2007)

『わかりやすい放射線と健康の科学』:(公財)放射線影響研究所、(公財)放射線影響研究所(2008)

『戦争と家族―広島原爆被害研究』:新田光子、昭和堂(2009)

『国際放射線防護委員会の2007年勧告』:(社)日本アイソトープ協会、丸善(2009)

『核は廃絶できるか―核拡散10年の動向と論調』:水本和実、法律文化社(2009)

『がんをどう考えるか 放射線医からの提言』:三橋紀夫、新潮社(2009)

『広島・長崎への原爆投下再考―日米の視点』:木村朗、他、法律文化社(2010)

『福島原発事故−どうする日本の原発事故』:安斎育郎、かもがわ出版(2011)

『原爆被爆者三世代の証言─長崎・広島の悲劇を乗り越えて』:澤田愛子、創元社(2011)

『原発とヒロシマ「原子力平和利用」の真相』:田中利幸、他、岩波書店(2011)

『福島原発事故独立検証委員会　調査・検証報告書』:
　福島原発事故独立検証委員会、ディスカヴァー・トゥエンティワン(2012)

『原爆放射線の人体影響』改訂第2版:放射線被曝者医療国際協力推進協議会、文光堂(2012)

『空と海の涯で─第一航空艦隊副官の回想』:門司親徳、光人社(2012)

『メルトダウン─ドキュメント福島第一原発事故』:大鹿靖明、講談社(2013)

『図録　広島平和記念資料館　ヒロシマを世界に』:葉佐井博巳、他、広島平和記念資料館(2013)

『ヘンリー・スティムソンと「アメリカの世紀」』:中沢志保、国書刊行会(2014)

『昭和史』(合本版):中村隆英、東洋経済新聞社(2014)

『福島第一原発事故 7つの謎』:NHKスペシャル『メルトダウン』取材班、講談社(2015)

『日本人はなぜ戦争へと向かったのか:メディアと民衆・指導者編』:NHKスペシャル取材班、新潮社(2015)

『原爆投下─黙殺された極秘情報』:NHKスペシャル取材班、他、新潮社(2015)

『原爆の惨禍 名著で読む広島・長崎の記憶』:蜂谷道彦、他、原書房(2015)

『日本空襲の全貌』:平塚柾緒、洋泉社(2015)

『原子力支援「原子力の平和利用」がなぜ世界に核兵器を拡散させたか』:マシュー・ファーマン、太田出版(2015)

『戦争まで─歴史を決めた交渉と日本の失敗』:加藤陽子、朝日出版社(2016)

『死の淵を見た男 吉田昌郎と福島第一原発』:門田隆将、角川書店(2016)

『いまこそ読みとく　太平洋戦争史』:諏訪正頼、アーク出版(2016)

『原爆で死んだ米兵秘史』:森重昭、潮書房光人新社(2016)

『増補版　太平洋戦争通史─開戦決定から降伏調印まで三七九日の記録』:筒居譲二、文芸社(2017)

『NHKスペシャル 戦争の真実シリーズ1 本土空襲 全記録』:NHKスペシャル取材班、KADOKAWA(2018)

『脱原発の運動史 チェルノブイリ、福島、そしてこれから』:安藤丈将、岩波書店(2019)

『光に向かって這っていけ─核なき世界を追い求めて ─』:サーロー・節子、他、岩波書店(2019)

『あのとき子どもだった─東京大空襲21人の記録』:東京大空襲・戦災資料センター、績文堂出版(2019)

『反原発運動四十五年史』:西尾漠、緑風出版(2019)

『核兵器禁止条約の時代 核抑止論をのりこえる』:山口響、法律文化社(2019)

『ふくしま原発作業員日誌─イチエフの真実、9年間の記録』:片山夏子、朝日新聞出版(2020)

その他、国の各省、広島県・広島市・福島県等の各自治体・各団体WEB等、大いに活用させて頂きました

年　　月　　日

学校名
団体名　　　　　　　　　　名前

「No more Hiroshimas」のための〝私のヒロシマ・ノート〟

編集後記

　広島に投下された原爆の爆風の強さは、爆心地から500m離れた場所で、1㎡当たり19トン（自家用車約15台分）に達し、また、爆心地から1.2㎞以内での熱線は、3千から4千度に及んだといわれています。さらに、目に見えない極めて有害な放射性物質が、広島の街に降り注ぎました。

　本書には、広島平和記念資料館平和データベース様からご提供いただいた多くの被害写真を掲載しましたが、目をそむきたくなるような悲惨なものも少なくありません。

　遮（さえぎ）る物が無かった人々の体に与えた、原爆の惨（むご）たらしさ、悍（おぞ）ましさはいかばかりであったか。私たちは今、目に見えない新型コロナウイルスに悩まされ苦しんでいますが、読者お一人おひとりが、75年前の広島と長崎の悲劇に想像力を働かせていただき、平和の大切さを改めて噛みしめていただければ幸いに思います。

　本書の編集にあたり、鳥越一朗氏には構成、文章表現など数々のご協力をいただきました。心から感謝申し上げます。

　最後になりましたが、広島平和記念資料館様はじめ、関連諸機関様等多くの皆様より資料・写真のご提供等を賜りました。刊行にあたり、改めて厚く御礼申し上げます。

写真・資料協力
広島平和記念資料館、広島県商工労働局観光課、広島市経済観光局、原子力資料情報室（CNIC）、ピースボート、舞鶴引揚記念館、平和祈念展示資料館、その他

表紙及び裏表紙の写真は広島県の提供です

「ノーモアヒロシマ」伝えていこう！平和
～広島平和学習に行く前に読む本～

定価　本体550円＋税
第1版第1刷
発行日　　　2020年8月6日
編集責　　　ユニプラン編集部
編集協力　　鳥越一朗
デザイン　　岩崎宏
発行人　　　橋本良郎
発行所／株式会社ユニプラン
〒601-8213 京都府京都市南区久世中久世町1-76
TEL. 075-934-0003
FAX. 075-934-9990
振替口座／01030-3-23387
印刷所／株式会社プリントパック
ISBN978-4-89704-509-2　C0030